JN247281

子どもの自己肯定感が高まる天使の口ぐせ

マザーズコーチングスクール認定トレーナー
白崎あゆみ
監修　マザーズコーチングスクール

マキノ出版

はじめに

「子育てで、私だけが空回りしている」
「こんなにがんばっているのに、誰も理解してくれない」
「子どもは好きなのに、子育てがとてもつらくて寂しい」

子育ての悩みは人それぞれで違います。

ですが、共通点もあります。その一つは、子どものために「やってあげたい」という気持ちがとても強いことです。きちんと育ててあげたい、可能性を伸ばしてあげたい——そのような思いから、子育てに関する本を何冊も読み、インターネットで検索するものの、情報を集めれば集めるほど混乱して、頭を抱えてしまう人は少なくありません。

私もそうでした。

MRO北陸放送のアナウンサーとして働いているときに結婚し、息子を授かりました。産前休暇中には熱心に育児書を読み漁り、胎教に良いといわれていることは一とおり試しました。生まれてくる我が子のために、食生活にもかなり注意しました。そして出産後は育児雑誌を定期購読して、息子の体調や成長などを細かくチェックしていました。

そんな中、生後4カ月ぐらいから、雑誌に書かれている「標準」と、息子の成長がズレていることが気になり始めたのです。


例えば、「○カ月になったら、寝返りができる」「○カ月で、ハイハイをするようになる」と雑誌などに書かれていますが、実際は子どもによって異なります。今思えば、ハイハイをせずに歩き始めてしまう子どもだっているのですが、当時の私は、標準どおりに成長していないことが不安で不安で仕方がありませんでした。「完璧《かんぺき》に子育てをしたい」という気持ちがあったからです。

「この子は普通じゃないのかな？　それとも私の育て方が違うのかな？」と悩み、焦りながら、さらに情報を集めて、自分なりにいろいろと試してみたものの、「これ」

といった答えは見つかりません。

そのような状態のまま仕事へ復帰。家事との両立や子育てにもがいていた頃に、インターネットで偶然、お母さんが学ぶコミュニケーション講座の「マザーズコーチングスクール」（175ページ）を知りました。試しに講座を受けてみたところ、子育てが苦しくなっていた原因に気づいたのです。

それは、「子育てにはどこかに正解があると信じ込んで、探し求めていたこと」でした。

私は子育てに一生懸命でしたが、〝正解〟に当てはめることに必死で、目の前の息子をしっかりと見ることができていなかったのです。そのことに気づいたときは、本当にハッとしました。

「私はこれから子育てで何をすればいいのか？」を考え、フリーアナウンサーとして独立。同時に、コーチングの学びを深め、今ではマザーズコーチングスクールの認定講師を育成する「マザーズティーチャートレーナー」としても活動しています。

また、保育園・介護施設・企業などで、コミュニケーション研修や人材育成の指導・講演を年間で50本以上行っています。

子育てに正解はない。

これは、私も実体験を通してわかりました。

とはいえ、正解がないならば何でも良いのかというと、そうではないことがコミュニケーションを学ぶことではっきりと見えてきました。

その一つが、言葉選びです。

言葉の選び方が間違っていると、何度声をかけても、思いは伝わりません。

伝わらないどころか、子どもがありのままの自分を肯定的に受け入れる「自己肯定感」（詳しくは第7章）を、大きく下げてしまうことがあります。アナウンサーとして「言葉」を仕事にしてきた経験があるので、多少なりとも自信がある分野でしたが、子育てに関する言葉選びについては、時間を巻き戻してやり直したいシーンがいくつもあります。

この本では、つい口にしてしまいがちな子どもへの声かけの中から、子どもの心に悪影響を及ぼす「悪魔の口ぐせ」を、子育てエピソードとともに紹介し、なぜ使うべきでないのか、どう言い換えると良いのかをコーチングの視点から説明しています。

エピソードは、マザーズコーチングスクール認定講師であるマザーズティーチャーの

はじめに

皆さんの実体験がベースになっています。

また、「天使の口ぐせ」として、積極的に子どもにかけたい言葉も紹介しています。「こんな声かけもあるんだな」と、ぜひ今後の参考にしていただけたらと思います。


日頃の言葉に意識を向けることで、「子どもって、こんなに変わるんだ」と実感できる日がきっと来ます。現時点で、特に悩みや問題を抱えていない場合でも、子どもたちは大人が思う以上に、成長や変化の可能性を持っています。

同時に、「私ってまだこんなに変われるんだ」と、お母さん自身も驚くほど変化していることに気づくはずです。

今回の事例はお母さんたちからお聞きしていますが、もちろん家族全員のコミュニケーションにも同じことが当てはまります。ぜひパートナーと共有し、家庭内のコミュニケーションが変わっていくことを実感していただけたらうれしいです。

2020年8月
白崎あゆみ

子どもの自己肯定感が高まる天使の口ぐせ

目次

1章 あなたの言葉を変えるだけで、子育てはこんなに楽しくなる！

2章 褒めるときの悪魔の口ぐせ・天使の口ぐせ

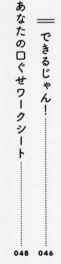

3章 怒るときの悪魔の口ぐせ・天使の口ぐせ

4章 励ますときの 悪魔の口ぐせ・天使の口ぐせ

5章 促すときの 悪魔の口ぐせ・天使の口ぐせ

6章

止めるときの 悪魔の口ぐせ・天使の口ぐせ

7章 子どもへの言葉かけで親の自己肯定感も変わる

アートディレクション……細山田光宣
デザイン……鎌内文（細山田デザイン事務所）
イラスト……有村綾

※この本に掲載している事例はすべて、事実をもとにしたフィクションです

知らぬ間に自己肯定感を傷つける悪魔の口ぐせ

Devil

普段の口ぐせを変えるだけで、子どもたちの心への響き方だけでなく、お母さんが見る世界も大きく変わります。
何気なく使っている言葉が、親と子の自己肯定感を低下させる「悪魔の口ぐせ」ではないか、確かめましょう。

CASE 01

「3位でもすごい」などと褒める

自分がうれしいと思う言葉でも、相手はどうとらえているのかはわかりません。褒めているつもりが、子どものやる気を奪う結果になる可能性もあります。

→詳しくは第２章

CASE 02

「ちゃんとして」などと怒る

自分がどうして怒っていて、子どもに何をしてほしいのかをきちんと伝えられるように、コミュニケーション能力を磨いておくことが大切です。

→詳しくは第3章

CASE 03

「何でも1番になりなさい」などと励ます

目標の越え方は人それぞれで異なります。ですから、子どもにストレスを与えない励まし方である必要があります。

→詳しくは第4章

CASE 04

「さっさとして！」などと促す

忙しくても、子どもが成長するペースに合わせて声をかけることが大切です。

→詳しくは第5章

CASE 05

「いい加減にして！」などと止める

同じ言葉を、繰り返し声をかけるだけでは、子どもの行動を止められません

→詳しくは第6章

1章

あなたの言葉を
変えるだけで、
子育てはこんなに
楽しくなる!

口ぐせでわかる自分の「思い込み」

「おかえり！　今日は、学校で嫌なことなかった？」

息子が小学校から帰ってくるたび、私は当たり前のように、こう声をかけていました。

保育園から小学校に進み、息子の環境が変わったことで、私も落ち着いていられなかったのでしょう。「嫌な思いをしていないかな？」「いじめられていないかな？」と、あれこれ先回りをして、気にかけていました。

すると、息子は学校の出来事を振り返り、「あまり気にしていなかったけど、もしかすると友だちから返事がなかったのは〝嫌なこと〟かもしれない」というように、〝嫌なこと〟ばかりを探すようになったのです。そんな息子の様子に違和感を覚え、「しまった！」と自分の口ぐせと思い込みに気づきました。

私自身が小・中学生の頃に、上履きを隠されるなどの小さな嫌がらせを何度か受けたことがありました。それを気に病んだり、不登校になったりすることはなかったものの、大人になっても心の奥底には不快な気持ちが残っていたのでしょう。「学校は小さな嫌がらせがある場所だ」「息子をあんな思いから守らなければならない」と思い込んでいて、その**思い込みが日々の口ぐせとして表面に出てきてしまった**わけです。

あなたは自分の口ぐせを、いくつ言えますか。「ちょっと」や「ねー」、「わかる」など、相づちに近いものも口ぐせに含めると、けっこう挙げられると思います。

私の口ぐせは、息子に言っていた「嫌なことはなかった？」をはじめ、「大変なことになるよ」「めんどくさい」「よくわからない」などなのですが、掘り下げるとどれにも私自身の思い込みが隠れていました。

もちろん、特段、意味を持たない口ぐせもあり、すべての口ぐせに思い込みが隠れているわけではありません。ですが、多くの人が、思い込みが隠れている口ぐせを、4つ5つは、ほぼ無意識に使っているものです。

コーチングでは、親と子どもが一緒に成長する

コーチングを学んでいるから失敗に気づける

「コミュニケーションの技術であるコーチングを学んでいるのに、失敗することがあるんだ」と意外に思われるかもしれませんが、実際はむしろ逆です。

多くの人は、自分の失敗になかなか気づけません。そのため、無意識のうちに何度も同じ失敗を繰り返しがちです。コーチングを学んでいるからこそ、失敗に気づいて、すぐに対処することができるのです。

最近、感じているのは、コーチングが「リーダシップ」「ポジティブシンキング（積極思考）」などと混同されているのではないかということ。特に子育てでのコーチングでは、「子どもを親が引っ張ってあげよう」「怒ってはいけない」「褒めてもいけない」「落ち込んではいけない」「いつもニコニコ笑顔でいこう！」といった誤解が、インターネットで発信されている例もありました。

「〇〇でなければならない」「〇〇しよう」というのは、コーチングとは異なる考え方です。このように決めつけてしまったら、私たちは思考が停止し、自分の失敗に気づけなくなってしまうからです。

ましてや「子どもの学力を上げよう」「東大に入れよう」などのように、親の理想に沿うように育てるのは、子育ての本質からズレてしまっています。

子どもを変えようとするのではなく、子どもへの接し方や言葉のかけ方を親が変えることで、親も子どもも成長し、それぞれの人生の目的に近づいていく――。

これがコーチングの目指すところなのです。

私たちは子育てに正解を求めていないだろうか

「子育てに正解はない」とよくいわれています。

しかし、私たち親世代が受けてきた学校教育は、正解主義です。ですから、つい子育てにも正解を求めてしまって、お母さんたちが悩みを深くしているような印象を抱いています。

そう思うのも、私自身がこれまでに経験してきたことだからです。

私の母は、自宅にいるときにもカジュアルな服装をすることはなく、いつもきっちりとした装いをする人でした。

そんな母の姿を見ながら幼少期を過ごしていたので、「私も、みっともないことをしてはいけない」と無意識に思い込んでいたのでしょう。また長女として、「父や母の期待に応えたい」という責任感を背負い込んでいました。

学生時代の自分を振り返ると、自慢話をしない、強く自己主張しないなど、嫌われ

子育ての情報をたくさん集めても、正解は見つからない

ないための最大公約数的な振る舞いをしていました。

社会人になってからも、その延長で過ごしていました。「どういう言動が嫌われるのか」という情報を集め、「嫌われないための正解」を私なりに出してから行動しました。

仕事はそれでうまく回っていたのですが、子育てでは行き詰まってしまったのです。

妊娠中には熱心に育児書を読み漁り、胎教に良いといわれていることは、一とおり行って、食生活にもかなり気を遣いました。

息子が生まれてからも、育児雑誌で勉強をしながら、体調や成長などを細かくチェックしていました。そんな中、生後4カ月ぐらいから「一般的な発達」と息子の成長がズレていることが気になり始めたのです。「○カ月になったら、寝返りができる」「○カ月で、ハイハイをするようになる」と書かれていますが、実際の成長は、子どもによって異なります。しかし、当時の私は「この子は普通じゃないのかな？　それとも私の育て方が違うのかな？」と悩んだり焦ったりしながら、さらに情報を集めました。

正解を求めて、本を読んだりインターネットで調べたりする中で、お母さんが学ぶコミュニケーション講座の「マザーズコーチングスクール」（175ページ）を知りました。試しにオンラインで講座を受けてみたところ、意外なことに、その後、私の中には大きなモヤモヤが残ってしまったのです。

私が講座に求めていたのは、私の悩みに答えを出してくれることでした。ところが実際は、答えをくれるどころか「このシチュエーションで、あなたはどんな言葉をかけますか？」と、逆に質問されたのです。内心、「えっ、教えてくれないの！」とびっくりしました。

講座を受講した後、当時3歳だった息子に、どのように声をかけていいのかがわからなくなってしまいました。そのために、モヤモヤを抱え込むことになりました。

私にとっての答えは何なのかな——それがどうしても知りたくて、もっとコーチングを学ぼうと思い立ったのです。

コーチングではアドバイスをしない

今思えば、悩んでいた頃の私は、楽をしようとしていました。焦りや大変さを抱えてはいましたが、「勉強すれば、あるいは賢い誰かに尋ねれば、答えやアドバイスは与えてもらえるものだ」と思い込んで、以前と行動パターンを一切変えていなかったからです。

子どもと私自身をじっくりと観察してから、自分の頭で考えて答えを探し出そうとするよりも、同じ行動パターンを繰り返すほうが、はるかに楽です。

正解主義という、社会が敷いていたレールに乗って進んできた私の人生は、子どもが生まれてからは、そのままでは進めなくなってしまいました。

だからといって、ほかの人が敷いてくれたレールに乗っても、すぐに行き詰まってしまい、別のレールを探し続け、「こんなにがんばっているのに、どうしてうまくいかないの」とイライラを募らせていました。

自分のためのレールは、自分で考えて、手を動かして、少しずつ敷いていくものなのだと気づかせてくれたのは、コーチングでした。

その後、子育てについて書かれた何十冊もの本を、すべて処分しました。

こうして自分の頭で考えることは増えたのですが、子育てでつらくなったり、不安を強く感じたりする時間はかなり減りました。今の子どもと私の姿をじっくりと観察するという行為が、私たち親子の軸を持つことにつながったからです。

ありのままの子どもの姿を見よう

「子育てでイライラして、とてもつらい。そんな風に感じている自分は、母親失格だ」と悩みを抱え込んでいるお母さんは少なくありません。背景にあるのは、マスコミやインターネットなどであふれ返っている情報に振り回されて、ありのままの子どもの姿を見失っていることではないでしょうか。

そのようなお母さんが目にしている世界に、自分の子どもはいないのです。そこは、

あなたの子どもだけを見ていればいい

とてもにぎやかで、さまざまなもので満ちあふれているのですが、とても寂しい空間。ですから、その世界を見ている限り、寂しさから不安やイライラが押し寄せてくるのです。

私からお母さんたちにお伝えしているのは、「**あなたの子どもだけを見ていればいいんですよ**」ということです。

そのための具体的な方法の一つが、何気なく使っている言葉を変えること。普段の口ぐせを変えるだけでも、お母さんが見る世界は大きく変わります。なぜなら、人間は言葉を使って考え、何をどのようにとらえるのかを判断をしている動物だからです。

例えば、反射的に「無理」という言葉が出てくる人は否定的な世界を、「信じられない」が出てくる人は前例にとらわれた世界を見ているという傾向がわかります。
こうした言葉は思考停止を招いたり、自己肯定感を低くしたりすることから、マザーズコーチングスクールでは「悪魔の口ぐせ」と呼んでいます。

今、あなたが見ている世界を変える第一歩が、「悪魔の口ぐせ」に気付くこと。

私が息子にかけてしまった「学校で嫌なことはなかった?」という言葉も、「悪魔の口ぐせ」に当てはまります。「学校は嫌がらせをされる場所だ」という私の思い込みが表れているだけではなく、息子に「僕は嫌がらせを受けるような存在の人間かもしれない」という不安を抱かせてしまったからです。
私は息子のためを思って言っていたつもりでしたが、実際は息子がいじめを受けることで、私の心が再び傷つくことを恐れていたのかもしれません。そんな気持ちで発せられた「悪魔の口ぐせ」で、息子の自己肯定感を低くし、疑心暗鬼を植え付けそうになっていたのでした。

ありのままの自分を肯定的に受け入れる自己肯定感は、マザーズコーチングスクールにおいて大切な感覚であり、考え方でもあります。ただ、ポジティブシンキング（積極思考）と勘違いされていることも少なくありません。自己肯定感とポジティブシンキングなどとの違いについては、第7章で詳しく説明します。ぜひ読んでいただいて、子どもとお母さん自身の自己肯定感について確かめてもらいたいと思います。

無意識に使いがちな悪魔の口ぐせ

無意識にお母さんたちがつい使ってしまいがちな「できるじゃん!」「ちゃんとして」「がんばってね!」「さっさとして!」「ダメだよ!」などは、代表的な「悪魔の口ぐせ」。そんな「悪魔の口ぐせ」に気づき、少なくしていくように心がけるだけで、子どもは自分なりに学校や社会の中で生きていく力を伸ばしていきます。

その力は、植物にたとえたら根の部分。土の中で根がしっかりと張っていたら、多少葉っぱが枯れたり茎が折れたりしても、植物はたくましく生育して、やがて花を咲かせるでしょう。

一方、水や栄養のやりすぎや、乱暴な扱い方で根をダメにすると、ちょっと風が吹いただけでポキッと茎が折れて、花を咲かせられなくなってしまいます。

子どもの自然な成長を促すために、自己肯定感を育む「天使の口ぐせ」を意識して使ってみましょう。そして、天使の口ぐせを参考にしながら、子どもと自分にぴったりな言葉を見つけてください。

次の章から、「褒める」「怒る」「励ます」「促す」「止める」というシチュエーション別に、「悪魔の口ぐせ」と「天使の口ぐせ」を紹介していきます。

2章

褒めるときの悪魔の口ぐせ天使の口ぐせ

相手の状況を見ながら褒める

子育ての本には、「褒めて育てましょう」と書かれていることもあれば、「褒めると子どもはダメになってしまいます」と書かれていることもあります。どちらにもそれなりの理論が述べられているため、どう接していくべきか、迷う人も多いのではないでしょうか。

コーチングにおいては、「褒めましょう」「褒めてはいけません」の、どちらも伝えることはありません。「良い悪いを決めつけない」ことが、大前提にあるからです。ただ、「このような褒め方では子どもに伝わりません」という、コミュニケーションにおいてのポイントはいくつかあるので、その一部を紹介します。

①その場限りのご機嫌取りで無意識に褒めているケース

子どもからの「ママ見て！」に対して、「すごいねー」「上手、上手」などと反射的に言っていることはありませんか。料理中や時間に追われているときなどは特に、お母さんも余裕がないので、その場限りのご機嫌取りの発言をしがちです。

大人同士でも、場の雰囲気を保つためや、相手をうまく乗せたいときに「すごいですね！」「わぁ、すてき」などと、少し大げさなお世辞を使うことがありますが、それと似ています。

大人同士ならば、多少のお世辞はお互い承知の上で会話が成立しますが、子どもの場合はちょっと違います。本質を伴わない口先だけの褒め言葉では、子どもに伝わらないばかりか、「大事にされていない」という感覚を潜在的に与えてしまう可能性すらあります。

②子どもをコントロールするために「褒める」を手段にしているケース

「大人がやってほしいこと」をしたときにだけ「いい子だね！」「えらいね！」などと声をかけ、思いどおりにコントロールしようとするケースです。実は、このような褒め方を、無意識にやってしまっていることが多いのです。

自分では「本当に良いことをしたから褒めた」と思っていても、そこには強い思い込みや決め付けが隠れていることも。度が過ぎると、親の期待に応えようと子どもは自分を抑え込んでしまい、自主性を奪うことにもつながりかねません。

「それをする子が、本当に良い子なのか？　しない子は良い子ではないのか？」と、客観的に見ることが大切です。

Case 01

褒めているのに子どもは投げやりな態度

まみこさん（愛媛県）
子ども：みーちゃん

Situation

かわいい！
この服にしようね
どれでもいいよ

4歳のみーちゃんは、今日もお母さんと一緒に買い物に来ているのですが、あまり楽しそうではありません。お母さんが「どれがいい？」と聞いても、「どれでもいいよ。お母さんが決めて」。「この服、かわいいよね？」と聞いても、「ふーん、そうなんじゃない」と、いつもそっけない返事です。

そんなみーちゃんを見て、「あれ？ なんだか投げやり。どうしたんだろう」と、お母さんは少し心配になりました。お母さんはどんな言葉をかけていたのでしょうか。

Devil

「かわいい！ これにしようね」

「いいの選んだね！」

みーちゃんのお母さんは「どれがいい？」と尋ねはするのですが、いつも「ピンクの服が似合うから、これにしようね」と最終的には自分の意見を押し付けていました。その際に「かわいい」「すてき」と褒め言葉をいくらかけても、子どもの心には響きません。子どもは「自分の意見なんかどうでもいい」とあきらめてしまうのです。みーちゃんに「どれがいい？」と聞いてはいるものの、結局はお母さんの好みで決められてしまっています。

また、もしかしたらお母さんの言葉は「かわいいのはみーちゃんではなく洋服」と感じさせてしまっているかもしれません。これでは褒めていないばかりか、「私なんてどうでもいいんだ」と思わせてしまう可能性があります。

子どもが自分で選んだ際は、まずは「いいの選んだね！」と褒めてあげてみてください。保育園用などでデザインなどに制限がある場合は、事前に子どもに伝えておけば後からダメ出しせずに済みます。その積み重ねが「自分の選択」に自信をつけることにつながっていきます。

Case 02

「できて当然」と思い込んでしまった

なおさん（宮崎県）
子ども：さくらさん

さくらさんのお母さんは、小学校の先生です。家庭ではテストで100点が取れるための勉強を、効率的に指導していました。さくらさんの向上心も高く「うちの子ならできる！」と信じて疑いません。

最初のうちは90点台でも一緒に喜んでいましたが、次第に100点が取れないと、「残り数点がなぜ取れなかったのか？」「この子ならできるはず」という気持ちが強くなっていきました。

それからは、さくらさんが100点のテストを持ってくると、いつも「あなたなら100点取って当然ね！」と褒めていました。

Devil

「あなたならできて当然ね！」

「よく理解できているのね」

「あなたはできる子なんだから、これくらい当たり前」というお母さんの気持ちがよくわかります。「やればできる子」という言い方も、これに似ています。一見お子さんを高く評価しているような言い方ですが、これらの口ぐせがお子さんに伝えるのは「〝できる子〟が〝できなかった〟ら、それはあなたの努力不足よ」というメッセージです。できて当たり前、努力して当たり前、できないのは良くないことだ——と、子どもをどんどん追い込んでしまうかもしれません。

さくらさんのお母さんは、「１００点まで、あと○点足りない」という視点でテストを見ていました。でもちょっと視点を変えると、取れている点数が何十点もあるのです。

まずは「よく理解できているのね」と、できている部分に目を向けてみてください。それを言葉で子どもに伝えることで、「これだけできた！」と、子ども自身も自分の出来栄えを実感できるでしょう。それが自信へとつながり、さらなる意欲へとつながっていくことでしょう。

Case 03

他者と比べながら褒めている

Situation
手がかからなくて本当にいいわ
……

えりさん（千葉県）
子ども：はるかさん

「あなたは手がかからない」そして「それに比べてお兄ちゃんったら」が、はるかさんのお母さんの口ぐせ。

小学6年生のはるかさんは、お母さんから見て、とてもしっかり者です。小さい頃から身の回りのことは言われなくてもできるし、片付けも上手。お母さんを煩わせたり、困らせたりすることがほとんどありません。

それに比べて2歳上のお兄さんは、いまだに言われないと取りかからないことが多く、部屋は常に散らかっています。はるかさんに対していつも「お兄ちゃんはお母さんを困らせてばかりだけど、はるかは手がかからなくて本当にいいわ」とうれしそうに言うのです。

Devil

「あなたは手がかからない」

「片付けが得意なんだね」

お母さんは、はるかさんを褒めているつもりなのでしょうが、私には残酷に響いてきます。お兄さんに関する愚痴を延々と聞かせておいて、同時に、「そうならないように」とプレッシャーをかけているからです。

はるかさんの心には、「ちゃんとしなければ」「きちんとできないと、お母さんに嫌われてしまう」という負担があったに違いありません。

「兄弟姉妹と比較してしまう」と悩んでいるお母さんからの相談はとても多くいただくのですが、これは人の感情として仕方のないことだと思っています。ただ、それをあからさまに出してしまうのは、親として望ましいことではありません。はるかさんに手がかからないのは、お兄さんとは関係ありません。身の回りを整えることが好きだったり、得意だったりと、「そもそもお兄さんと特性が異なるからだ」ととらえるべきでしょう。

比較して褒めるのではなく、はるかさんだけを見て「片付けが得意なんだね」などと、その子が持つ良さとして伝えてみてください。

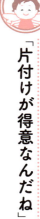

Case 04

親の劣等感から子どもを褒めている

Situation
優しくて賢い娘がいることが、お母さんの自慢
（だから優等生でいなくちゃ）

あすかさん（埼玉県）
子ども：あきさん

「うちはあまりお金がないから、我慢ばかりでごめんね。優しくて賢い娘がいることが、お母さんの自慢」と、あきさんが幼い頃からお母さんは何度も褒めていました。

小学校ではずっと優等生で、6年生の中で成績はトップクラスに入っていたあきさんに「あなたは優しくて賢い、自慢の子」と、いつもおかあさんは言い続けていました。

クラスで誰かが問題を起こしたときも、お母さんは「あの子はダメよね。それに比べてあきは優しくて賢いわ」と言うのでした。

Devil

「あなたは優しくて賢い、自慢の子」

「あなたは何よりも宝物」

自分自身のコンプレックスや劣等感を、無意識に子どもで埋めようとしてしまうケースは多く見受けられます。「我が子には自分たちより高い学歴を」と過度に教育熱心になるのも、わかりやすい例です。

あきさんのお母さんも、「優等生の母親である」という点で自分の価値を確かめていたのかもしれません。ですが、結果的にあきさんは、子ども心に「お母さんはあまり幸せではないんだ」「私がいつも優等生の良い子でいないと、お母さんを幸せにできないんだ」と思い込むことになってしまいました。

保育園などの保護者向けの講演会に呼んでいただく際に、よくお話ししているのですが、子どもとお母さんの自己肯定感はイコールの関係にあります。あきさんを言葉で褒め続けていても、お母さんの劣等感がそのままであれば、2人の自己肯定感は伸びていきません。

お母さんの幸せは、子どもの成績によって決まるものではありませんよね。「あなたの存在自体が私の幸せなのだ」と、子どもに伝わる言葉を選んでみてください。

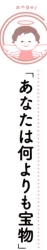

Case 05

意欲を出すための褒め方がわからない

まりさん（東京都）
子ども：けんさん

Situation

小学1年生のけんさんは図画工作が大好き。絵を描いたり、物を作ったりして、お母さんにいつも見せてくれます。そのたびに、お母さんは手をたたいて、「かっこいいね」「すごいね」と褒めていました。

ただ、このように褒めた後、言葉が続きません。

実はお母さんは、保育士として保育園で働いていました。

保育園でも同様に、工作したものなどを見せてくれる子どもたちに「うわ！　かっこいい」と声をかけるだけでした。

「すごい！　かっこいい！」

「大きな作品だね！」

「子どもの意欲を引き出したいのに、どうやって褒めたらいいのかがわからない」という声が、私のもとにはたくさん届きます。「褒め言葉のバリエーションがなく、ワンパターンになりがち」と困っているようです。

「褒めなくては！」と力むから言葉が出ないのかもしれません。まずは〈見たままの事実を言葉にする〉、さらにできそうなら〈感じた気持ちを添える〉とやってみてください。例えば、次のような感じです。

「〈見た目の事実〉すごく大きい絵だね！＋〈感じた気持ち〉本物を見てる気分になるよ」

「〈見た目の事実〉たくさん作ったね！＋〈感じた気持ち〉この色、ちょっと不思議だね」

このように声をかけると、子どもは「この色は、水色とオレンジを混ぜて作ったんだよ」などと答えてくれるので、会話が増えていきます。「あなたの作品に興味津々よ」という姿勢が伝われば、それが褒め言葉として子どもに伝わります。

Case 06

家の中と外で違うことを口にする

Situation

さとこさん（北海道）
子ども：さっちゃん

さっちゃんは、とてもがんばり屋さん。宿題で読書感想文を書くときには、何時間も机に座って取り組んでいたので、その様子を見たお母さんは「疲れないかな？大丈夫かな？」と心配でした。それで「そんなにがんばらなくてもいいよ」「無理しなくてもいいよ」と、さっちゃんに声をかけていたのです。

そんなさっちゃんを、お母さんは誇らしいと思っていました。それで、親類が集まったときに「この子はよくがんばる子なんですよ」と自慢しました。そしてさっちゃんの顔をのぞき込むと、あまりうれしそうではなかったのです。

Devil

「この子はよくがんばる子なんです」

「昨日は3時間集中できていたんです」

子どもを混乱させてしまう言葉の使い方を、無意識のうちにやっている大人は少なくありません。さっちゃんのお母さんはその典型例。家の中と外、家族とそれ以外とで、まるで違うことを口にしています。

お母さんにしてみれば、「あなたは自慢の子」とさっちゃんを褒めてあげている気持ちなのですが、さっちゃんは「なぜ家の中とは違うことを言うのだろう」「本当はがんばらないと、認めてくれないのかな」と混乱するわけです。

人前で褒めるのは、直接褒めるよりも相手に響きやすいのですが、いわゆる「外の顔」のため、普段とは違う言い回しを使いがちです。子どもがその違いを察するのは、ちょっと難しいですよね。

そんなときは「実際にやったことを具体的に挙げて褒める」を意識してみてください。さっちゃんの場合であれば、「3時間集中できていた」「読書感想文を1時間で終わらせた」など、あくまでも事実を褒め口調で述べることで、誤解が生じる可能性がぐんと下がります。

Case 07

褒めたのに元気をなくしてしまった

まきこさん（新潟県）
子ども：ゆうたさん

Situation

3位になれたなんてすごいじゃん
うん……

今日は小学校のマラソン大会。

運動神経抜群のゆうたさんは、マラソンの練習ではずっと1位でした。ところが、大会当日の結果は、3位になってしまいました。

学校から帰ってきて、そのことを話すゆうたさんに、お母さんは、内心「あら、3位だったんだ」と思ったのですが、「1位じゃなくても、3位になれたなんてすごいじゃん」と笑顔で伝えました。

するとゆうたさんは、「うん……」と小さく返事して、自分の部屋に行ってしまいました。

Devil

「3位でもすごいじゃん」

「目標に向けてがんばったんだね」

お母さんの気持ちも、ゆうたさんの気持ちも、どちらもよくわかりますね。

目標に到達できず、明らかに子どもが落ち込んでいると、心配も募って、つい「早く元気を取り戻してあげなきゃ」という気持ちになりがちです。「あの手この手を使って励まし、褒めて、落ち込んだ気持ちを取り払うのが親の務め」といったように。

ですが、ちょっと考えてみてください。

1位になれなかったのは、とても残念なことだったのでしょうが、ゆうたさんは「目標に届かなかったときの悔しい気持ち」を、人生で初めて味わっているのかもしれません。

落ち込んでいる我が子を見ているのは、つらいものがあります。

ただ、「目標に向けてがんばったんだね」と目標までのプロセスを褒めてあげて、今まさに新しい経験を積んでいる子どもの姿を静かに見守るのも、親の務めだと思います。

Case 08

褒めようとして余計なことを言う

めぐみさん（千葉県）
子ども：ゆいとさん

Situation

虫が大好きなゆいとさん、以前から夏休みの宿題は「カブトムシの絵を描く！」と決めていました。去年は夏休みの終わりに慌てたことを反省して、今年はお母さん・お父さんと一緒にスケジュールを立て、準備もバッチリです。

絵を描くと決めていた日、ゆいとさんが自主的に取り組み始めた様子を見て、お母さんは満足そう。手元をのぞき込みながら「できるじゃん！　やらないかと思ってたよ㊦。やってみるとできるでしょ！　ここもうちょっと大きく描いたほうがいいんじゃない？」と声をかけてしまいます。

Devil

「できるじゃん！」

「お母さん見てたよ！」

褒めるつもりだったのに、お母さんの本音が先に出てしまっているケースです。お母さんに悪気はないものの、子どもには「期待してなかった」というメッセージが強く伝わってしまう可能性があります。

状況は違いますが、私も息子に「今日は珍しく準備してくれたね」と言ってしまったことがあり、後から後悔しました。「いつもはしてくれないから、今日もしてくれないと思った」と言っているのと同じです。

お母さんにとって〝期待を上回る〟ことを子どもが見せてくれた場合、すぐに声をかけたくなる気持ちはよくわかりますが、そこはグッとこらえて。こんなとき、子どものほうも「いつもよりがんばれている自分」を意識していることがあります。内心「お母さん見てるかな……」と思いながら取り組む子どももいるでしょう。

まずはお互いが気配を感じる程度の距離から見守り、終えた頃を見計らって「お母さん見てたよ！　がんばってたね！」と、出来栄えには触れず、取り組んだ姿勢そのものを褒めてあげると良いでしょう。

Work sheet

あなたの口ぐせ　ワークシート

Q

もっとがんばりたいとき、自分にどんな言葉をかけているか、思い出してみましょう！

Q

子どもを「褒める」ときに、実は悪魔の口ぐせだったな、と感じた口ぐせは？

Q

もしも、その口ぐせを天使の口ぐせに変えるとしたら、どんな口ぐせになるでしょう？

3章

怒るときの悪魔の口ぐせ天使の口ぐせ

どうして怒っているのかをきちんと伝えよう

「怒り」はマイナスな感情だから表に出さないほうが良いと思っている人も多いでしょう。「怒ってはいけない」と我慢を重ね、イライラが募り、ストレスをためてしまっていませんか。怒ったことを後悔し、子どもの寝顔を見ながら自分を責めてしまったことはありませんか。

怒ること自体は、決して悪いことではありません。

喜怒哀楽は人間にとっての自然な感情です。それなのに「喜ぶのは良いことだけど、怒るのは良くないこと」と単純に判断するのは変ですよね。気を配るべきなのは「怒る」感情そのものではなく、伝え方と、「怒る」ことによる人間関係への影響です。

ですからまずは、怒った後に「私は悪い親だ……」と自分を責めるのをやめてみましょう。あなたにとっての正当な理由があってもなくても、です。自分を責め続けていると、大人でも気が付かないうちに自己肯定感が下がっていき、更には子どもの自己肯定感に大きく影響します（詳しくは第7章）。

もちろん、相手に与える影響が強いのは確かなので、「褒める」と同様に何でも怒って良いわけではありません。

自分は何に対して怒っているのか。子どもにどうして欲しいのか。感情のままに言葉を吐き出すのではなく、これらを**正確に認識して伝えられるコミュニケーション力を磨いておくこと**が大切です。

感情的になると、つい「ちょっと！」「なんで!?」など、いつも同じような声かけになりがちです。これでは子どもは怒られている理由がわからないため、いつまでも言動が変わりません。

私も最近反省することがありました。新型コロナウイルスの関係で長らく休校になった際、そのストレスで息子が食べ物を飲み込みにくい状態になってしまいました。飲み込み切れずティッシュペーパーに出したところを見た際、思わず「ティッシュに出すのはやめて」と怒ってしまいました。その後、息子は洗面台やキッチン、最後には自分の部屋でビニール袋に出すようになったのです。

私としては「ゆっくりでも良いから、出さずに食べてほしい」という気持ちだったのですが、つい感情的な言葉を使ってしまったことで、息子にはその言葉どおり「ティッシュに出さないで」ということしか伝わっていませんでした。

Case 01

「ちゃんとして」ではちゃんと伝わらない

ののみさん（山形県）
子ども：みはるさん

Situation

今日は大掃除の日。小学1年生のみはるさんはおふろ掃除を担当することになりました。

浴室のタイルの汚れが気になったみはるさん。ブラシでこすり洗いをしてたとき、大掃除の合間にみはるさんの様子を見に来たお母さんから、「ほら、ちゃんとして」と言われたのですが、みはるさんには何のことだかわかりません。

そしておふろ掃除が終わると、「浴槽をもっときれいにしてくれたらよかったのに」と言われて、みはるさんは「えっ、今さら……」と不満を漏らしました。

Devil

「ちゃんとして」

「ポイントはここ！」

お母さんがみはるさんに求めていたのは、浴槽がピカピカになるまできれいになること。そのため、タイルをこすっているみはるさんを見て、「ちゃんとして」と声をかけたのです。

文章で第三者として読むと、お母さんの思う「ちゃんと」と、みはるさんの思う「ちゃんと」が一致していないだけだとわかるのですが、当事者になると意外と気づかないものです。

私の知る範囲ではありますが、「ちゃんとして！」が口ぐせになっているのは、「○○しなければならない」という決め付けをいくつも抱えている人に多いと感じています。「掃除機は毎日かけなければならない」「外に出るときは、それなりの装いでなければならない」といった具合です。

何かを頼む際は、事前に「ポイントはここ！」と、譲れない部分を伝えておくと、すれ違いが防げます。ただし、自分の「○○しなければならない」が、必ずしも他の人も同じとは限らないことを理解し、ポイントは1〜2個に絞るのがコツです。

Case 02

ため息やだんまりで家の空気が重くなる

あいさん（茨城県）
子ども：ゆうかちゃん

ゆうかちゃんのお母さんは何気ないおしゃべりや、人に気持ちを伝えることがやや苦手。ところが、ため息の音だけは大きくて、5メートル先まで聞こえそうなほどです。

食後に皿を洗いながら「はあ〜」、ゆうかちゃんが畳んだ洗濯物を見て「はあ〜」、部屋が散らかっているときに「はあ〜」。

それから、気に入らないことがあると、何もしゃべらなくなってしまいます。

お母さんのため息とだんまりで、家の空気がどんよりしています。

「はあ〜」

「ママ、これ苦手なの」

何かあるたびに「はあ〜」とため息をつく人は、自分自身ではまったく意識していないようなので、ため息がくせになってしまっているのだと思います。

ため息や無言のように非言語で否定をするやり方は、相手だけでなく周囲の人も嫌な気持ちにさせます。気持ちを言葉にすることを怠って不機嫌な様子を見せれば、相手が「どうしたんだろう?」と類推しなければならず、コミュニケーションとして大きな負担になります。親子関係でそれが続くと、子どもは常にお母さんの顔色をうかがい、当たり障りのない子どもを演じるようになりかねません。

「できないから黙っているだけ、察してほしいわけではない」とお母さんが思っていたとしても、です。「何もしない=悪影響がない」ではありません。

とはいえ、急に変えるのは難しいので、まずは一言、できる限りソフトな声で口にしてみませんか。「ママ、お皿洗いが苦手なのよね」と。少なくとも、子どもに「知らぬ間に怒らせてしまっているわけではない」ということは伝わり、心理的な負担をかけずに済みますよね。

Case 03

予想外の行動に驚いて怒ってしまった

ゆかさん（鳥取県）
子ども：はなちゃん

Situation

幼稚園に通うはなちゃんはままごとが大好きです。料理や掃除をするお母さんの様子を眺めては再現するなど、観察力も高く、お母さんははなちゃんの成長を日々感じていました。

ある日、お母さんが夕食の準備をしていると、よく使っている皿が見当たりません。一とおり探しても見つからず、「もしかして……」と思って見に行くと、壊れると危ない陶器の皿を、はなちゃんがままごとに使っていました。

驚いたお母さんは思わず「信じられない！　何やってんの⁉」と声を荒げてしまいました。

Devil

「信じられない！」

「お母さん、びっくりしたよ」

皿が割れては危険ですし、お母さんはかなりひやっとしたと思います。同時に、子どもの行動が原因で、忙しい時間帯に探す手間をかけられたというイラ立ちもあったのでしょう。

はなちゃんにしてみれば、遊んでいたら急にお母さんから怒られて、怖かったと思います。ましてや大好きなお母さんに「信じられない」と言われてしまっては、小さな心が傷ついたかもしれません。

「信じられない」が口ぐせになっている人は、意外と少なくありません。大人同士の会話の中で、相づち代わりに使っていませんか。これまでの経験や思い込みから「周りから信頼される人でなければいけない」という気持ちが強くなると、自分の考えと合わなかった際に発してしまいがちです。しかしこれは、大人にはまだしも、子どもには悪影響を与えかねない、かなり強い言葉だと思ったほうが良いでしょう。

はなちゃんの場合も「お母さん、びっくりしたよ！」と、まずは気持ちを伝え、なぜやめてほしいのかについて理由を説明してあげれば、十分理解できるはずです。

Case 04

怒りをぶつけたことで子どもが自信をなくした

なおこさん（東京都）
子ども：しんくん

しんくんは週に1回、自宅でタブレットを使って、オンラインで英会話のレッスンを受けています。しかし、ずっと座っていられず動き回り、先生の話も全く聞いていません。「次はこれだよ」「ここをリピートだよ」と教えながら、お母さんはイライラしていました。

そしてレッスン後に、怒りを爆発させたのです。

「何でこんなこともできないの？」

「もっとちゃんとやりなさい！」

するとしんくんは「どうせ僕はできないんだ」と、すっかり自信をなくしてしまいました。

「何でこんなこともできないの？」

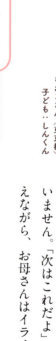

「今日はここをがんばっていたね」

自信をなくしたしんくんの様子を見て、我に返ったお母さん。できると思っていたことができないと、ついきつい口調になってしまいますよね。

今回のように第三者がいる場合、その人の目を気にして必要以上に怒ってしまうことがよくあります。習い事の先生、友人のお母さん、お店の中など、人目があるから怒りをセーブすることもありますが、人目があるからこそ過度になってしまうケースもあるのです。実際、スーパーなどで注目を浴びてしまうほど怒っているお母さんを、ときどき見かけますよね。他人事ではありません。

しんくんのお母さんについては「おとなしくレッスンを受けさせられない母親」として先生の目に映る不安もあり、厳しく当たってしまったように思います。怒って無理にやらせたことが、身に付くはずがありません。「今日はそんな日だったんだ」と思って、「何ができているか？」を探してみましょう。

そしてレッスン後に、「今日はここをがんばってたね」と、できたことに目を向けて伝えてあげることで、少しずつ自信をつけていくことができます。

Case 05

あまりにも痛くて怒りが抑えられなかった

ゆきこさん（神奈川県）
子ども：あやちゃん

Situation
こんなときに、何て言ってほしい？
ワーン

元気いっぱいのあやちゃんは2歳。おもちゃでの遊びも日に日にダイナミックに。

あるとき、お母さんがソファに座ってテレビを見ていたら、積み木が飛んできて頭にぶつかりました。あやちゃんが投げたのです。

それがあまりにも痛くて、「もう！」とお母さんは怒り始めました。そして、キッとあやちゃんに強い視線を送り、「あやちゃんは同じことされたら、どう思うの？」「こんなときに、何て言ってほしい？」と詰め寄りました。

その迫力に、あやちゃんはワーンと泣きだしてしまいました。

Devil

「こんなとき、何て言うんだっけ？」

「痛かったよ、投げないでほしいな」

この口ぐせは、2歳前後の子どもを持つお母さんに、特に多い印象があります。少しずつ会話ができるようになり、言葉でのしつけを意識し始める頃です。

「わざとではなくても、相手に痛い思いをさせたら、きちんと謝るべき」ということを、しっかりと教えたいというお母さんの気持ちが前面に出すぎて、いつの間にか目的が「ごめんなさい」の一言を引き出すことにすり替わっているケースがあります。

この時期に伝えるべきことは、「ごめんなさい」を口に出すこと以上に、「固い物を投げたら危険」という本質のほうです。私も息子が2歳の頃、タオルと積み木を使って、痛みの違いを一緒に体験して教えました。

強い痛みを感じたら、あやちゃんのお母さんのように、つい反射的に声を荒げてしまうのは普通のことです。ただ、その後で冷静に「痛かったよ、投げないでほしいな」と、今伝えるべきことを優先しましょう。その結果として、気持ちの伴った「ごめんなさい」を子どもが言えるようにしていきたいですね。

Case 06

思春期の子どもと冷戦状態に陥ってしまう

みきさん（広島県）
子ども：はるのさん

Situation

はるのさんは中学2年生。身長も伸びて、着られているようだった制服姿も様になってきました。見た目もすっかり中学生らしくなったのですが、家族に対して、反抗的な態度や言葉遣いをすることが増えています。

お母さんがちょっと質問しても、「は？　そんなん今答えられるわけないじゃん！」という返事。それに対して、お母さんも「待ちなさいよ！　それで終わりじゃないからね」とケンカ腰になって、はるのさんとのにらみ合いが続くのでした。

Devil

「待ちなさいよ！」

「大丈夫なときを教えてね」

お母さんにとっては何気ない質問でも、はるのさんにとって話したいタイミングでなければ、あっという間に言い争いに発展してしまう。まさに思春期ですよね。

思春期の子どもを持つお母さんへお伝えしているのは、「勝負しない」「待たずして待つ」という2点です。

言い合いになると、親のほうはどうしても正論を振りかざして「納得させたい」という気持ちになりがちです。しかし、自分の正しさを証明することが、親子の会話の目的ではありません。著しい成長の過程で、子どもが何を考えているかを聞くだけで、まずはOKとしましょう。

その上で「大丈夫なときを教えてね」と伝えておくと、不意に落ち着いて「さっきのことだけど……」と、子どもから話しかけてくることがあります。

ただ、話しかけられるのを待つのは、じれったいものです。ですから、一度忘れて、話しかけられたときに思い出す。このように自分をコントロールできるようになると、子どもの思春期を、お互いにダメージを少なく越えていけるかもしれません。

Case 07

ケンカに対して怒っても仲直りにはつながらない

みささん（東京都）
子ども：みきさん

Situation

ケンカをするなら、捨てます！
お姉ちゃんのせいで

小学1年生のみきさんと小学3年生のお姉さんは、2人ともシール集めが趣味。それを知っていたおばあちゃんが、2人のために、たくさんのシールを買ってくれました。

しかし、これがケンカの原因になってしまいました。どのシールをどちらのものにするのかで、「それ、私の！」「嫌だ」とリビングでもめていました。それがいつまでも続くので、お母さんは怒ってしまいました。「ケンカをするなら、捨てます！　全部持って来なさい」

みきさんは「お姉ちゃんのせいで」と言って、泣き始めてしまいました。

Devil

「ケンカをするなら、捨てます！」

Angel

「私も欲しいなぁ」

子どもたちの激しいケンカに嫌気が差し、極端な罰則を提示するのは、よくやってしまう怒り方だと思います。ケンカに限らず、思わず「捨てるよ！」と怒ったことがある人は多いのではないでしょうか。罰をちらつかせるのでは、子どもに恐怖心を植え付けるだけです。

お母さんが、みきさんたちに取ってほしい行動は何でしょうか。言い争わずに、2人で仲良く分け合ってくれることです。ですが、一度ケンカが始まってしまうと、なかなか冷静には戻れません。そこでぜひ試してほしいのが、ケンカへの参戦ではなく、ルールを覆す第三者の投入です。「そのシール、私も欲しいなぁ」。これまで2等分だと思って争っていたのが、お母さんが入ってくることで「どれならあげてもいいか？」に思考が引っ張られ、「2人でシールを分ける」という状況がリセットされやすくなります。子どものケンカの原因によっては、このやり方ではうまくいかないかもしれませんが、「親は一歩違う場所に立てる立場」と思えると、出てくる言葉も変わってくるかもしれません。

Case 08

子どもが泣きやまずイライラがピーク

あきこさん（石川県）
子ども：ももさん

Situation

その日の病院はとても混雑していて、小学3年生のももさんと4歳の弟の2人を連れてインフルエンザ予防接種を受けに行ったお母さんは、ちょっと疲れていました。ようやく順番が回ってきて、最初に弟が終わり、ももさんの番になったのですが「嫌だ」と泣き叫び始めました。もうすぐ帰れると思っていたお母さんは、ぐったりして言いました。

「4歳の子でも泣かずに打てるのに！　お姉ちゃんでしょ！」

それでも、ももさんが泣きやまないため、お母さんはどんどんイライラを募らせていきました。

Devil

「お姉ちゃんでしょ！」

「がんばった後、何をしようか？」

「お姉ちゃんでしょ」「弟なんだから」「男の子のくせに」などは、年齢や性差への思い込みから発せられる悪魔の口ぐせです。過去に言われたことがある人も、つい言ってしまったことがある人も多いのではないでしょうか。

ももさんの場合は、お母さんの思い込みが強くて、気持ちに寄り添ってもらえないのが悲しかったのでしょう。それに混んでいる病院で長時間待っていたのは、ももさんも同じです。お母さんが疲れているのなら、ももさんだって疲れていたはずです。

とはいえ、混雑している病院の中で子どもが泣いていては、お母さんも相当なプレッシャーを感じてイライラするのは当然。ですが一刻も早く泣き止ませようと、怒れば怒るほど、状況は悪化する一方です。

小学3年生であれば、最後は注射を打たなければならないことは理解しているはずです。ですから、「がんばった後、何をしようか？」などと、注射後をイメージする言葉をかけながら、気持ちが落ち着くのを一緒に待ってあげるのが、結果的には早く済むかもしれません。

Case 09

何回怒っても効果がない

Situation
「練習しなさい」って何回も言ったよね！
（さっき先生に怒られたばかりなのに）

りかさん（神奈川県）
子ども：りおさん

りおさんは、ダンスレッスンに通っています。もうすぐ、年に1回の大きなダンスライブ。それに向けてリハーサルを毎週行っているのですが、レッスンに身が入らず、チームのみんなに向けて「やる気はあるの？」と先生が一喝しました。

それを見学していたお母さんは、家に帰って『『練習しなさい！』って何回も言ったよね！」と、りおさんを怒りました。

先生にもお母さんにも怒られて、りおさんは沈んだ表情になっています。

Devil

「何回も言ったよね？」

Angel

「やるべきことを一緒に考えよう」

「何回も言ったよね？」は、よく耳にする悪魔の口ぐせです。この仲間に「何回言ったらわかるの！」もありますが、これらは結局、「子どもに伝わらない言い方にひたすらエネルギーを注いでいたこと」を意味します。

同じことを何回も言い続けても相手の行動に変化が出ないのならば、ほかの方法を試すほうが合理的でしょう。

また、親から子どもへ一方的に指示を出すのではなく、「やるべきことを一緒に考えよう」などと、お互いが当事者となって考えるようにすれば、記憶にもかなり定着しやすくなります。

りおさんの場合も、1人で練習させるのではなく、練習する日を一緒に決めてカレンダーに書いておくなど、まだまだできることがあるはずです。

子どもに望んでいることがあるのならば、何回も言うだけではなく、さらに一手間かけて、子どもにとってわかりやすい形にして伝えることは、親として怠ってはいけないことだと思います。

Case 10

重要性をわかってもらえない

ゆかりさん（石川県）
子ども：こたろうさん

こたろうさんは元気な小学2年生。学校から帰ると、ランドセルを放り投げるようにして、公園や友人の家に遊びに行きます。

あるとき、お母さんがランドセルを開けると、底のほうにグチャグチャに丸まって入っているお便りが見つかりました。今は9月なのに、5月や7月のプリントも入りっぱなし。

それで、遊びから帰ってきたこたろうさんに「またグチャグチャだよ！　いつもちゃんと出してって言ってるよね？」と声をかけて、丸まったままのお便りを見せたものの、こたろうさんはゲームを始めてしまいました。

「またグチャグチャだよ！」

「持って帰ってきてくれてよかった」

「学校からのお便りがグチャグチャ」「きちんと出してくれない」という話は、小学校低学年の男の子のお母さんからよく聞きます。

お母さんとしてはお便りが受け取れず、困ってしまいますが、こたろうさんにとっては、持ち帰るように指示された紙を、言われたとおりランドセルに入れただけのことなのかもしれません。

このようなケースは、子どもには何の悪気もないどころか、関心すらないことがほとんどで、何度言われても聞き流して、忘れてしまうようです。

口酸っぱく言い続けてわかってもらおうと思うと、お母さんのほうが疲れてしまうかもしれません。

こんなときは耳だけではなく、目からも伝えてみましょう。グチャグチャになったお便りでも「持って帰ってきてくれてよかった。しっかり読まなくちゃ」などと言いながら、丁寧に広げている様子を子どもにも見てもらうのです。無理強いにならなければ、一緒に広げてもらうのも、なかなか楽しい時間かもしれません。

Case 11

子どもの失敗がショックで感情的に

かおりさん（オーストラリア）
子ども：ルイくん

Situation

クリスマスが近づくと、胸が弾みますね。

ルイくんのお母さんは雑貨店に長時間並んで、部屋やツリーにつけるオーナメントを買って、家に帰ってきました。これから飾り付けというタイミングで、4歳のルイくんが「僕も飾りたい！」と言い始めたのです。

迷いましたが、せっかくだから経験させてあげたいという気持ちもあって、やらせてみたところ、嫌な予感が的中。ルイくんがオーナメントを落として壊してしまいました。お母さんはショックを受けて、つい「せっかく並んで買ったのに！」と怒ってしまいました。

ルイくんもショックを受けて、ぼう然としています。

Devil

「せっかく買ったのに！」

「びっくりしたね！」

私もルイくんのお母さんと同じように、「経験を！」と思って子どもにやらせてみたものの、結局怒ってしまったことが何度もあります。

「子どもにやらせてあげよう」と決めるときは、起こりうるリスクも込みで考える習慣をつけると良いと思います。触らせたくない大事な物は、最初から子どもの視界に入れないようにして、「ダメ」と言わないで済むようにコントロールすることも対策の一つです。

とはいえ、それでも壊されてしまったときは「せっかく買ったのに！」「だから言ったでしょ！」といった言葉がとっさに出がちですが、子どもが理由で起こったハプニングに対して「びっくりしたね！」と言葉が出るように意識してみてはいかがでしょうか。子どもも間違いなく自分の失敗にびっくりしているので、気持ちに寄り添う言葉になりますし、お母さん自身も驚いているので、口にして違和感がないと思います。

とっさの一言を変えることで、その次に続く言葉までに一呼吸おけるので、少しずつ「悪魔の口ぐせ」を遠ざけることができます。

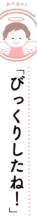

Case 12

イヤイヤ期の子どもに手こずる

まりさん（北海道）
子ども：むうくん

Situation

「魔の2歳児」と呼ばれるほど、この時期の子どもの接し方には多くのお母さんが苦労しています。

弟が生まれたばかりのむうくんは、ちょうど2歳。「イヤ」の連続で、お母さんは疲れ果ててしまいました。どこかに連れて行こうとすると「イヤ」、洋服を着せようとすると「イヤ」。お母さんが無理に着せようとすると「ママはイヤ〜！」と泣き叫ぶこともありました。

生まれたばかりの赤ちゃんのお世話でゆっくり寝る時間もないこともあって、「何がしたいのよ！」とお母さんは感情を爆発させてしまって、泣きたい気持ちになりました。それでもむうくんの「イヤ」は止まりません。

Devil

「何がしたいの？」

Angel

「そっか、今は嫌なのね」

むうくん自身、理由はわからず、とにかく嫌だったのでしょう。

お母さんも「何がしたいの?」という自分の問いかけに対し、期待する返事が返ってこないことはわかりながらも、言わずにいられなかったのでしょうね。その気持ち、よくわかります。

ここは、どうすればうまくコミュニケーションが取れるかについて考えましょう。イヤイヤにそのまま反応するのではなく「そっか、今は嫌なのね」と一度肯定してあげる言葉をかけると、お母さん自身の気持ちも落ち着きやすくなります。

ポイントは、「何事も、子どもはお母さんの何倍もの時間がかかる」と心得ておくことです。気持ちを受け止めても、すぐに落ち着くわけではありません。大人の自分と同じ時間軸で進むと思うから、変わらないことにイラ立ったりするのです。

最初から「子どもは時間がかかるのだ」と思っておけば、お母さんも多少は楽かもしれません。時間がかかって大変だと感じるかもしれませんが、それが子どもを育てるということなのだと私は思っています。

Case 13

つい八つ当たりをして自己嫌悪に陥った

めぐみさん（秋田県）
子ども：みっちゃん

Situation

シングルマザーであるめぐみさんは、まだ3歳のみっちゃんとの生活を守らなければならないプレッシャーを感じていました。同時に、「私と同じような経験をしてきた女性の支援活動をしたい」という夢も抱いていたのです。

さまざまな葛藤を抱えて、活動もなかなかうまくいかず苦しんでいた中、みっちゃんの自由奔放《じゆうほんぽう》な言動が気に障ることも増えてきました。

みっちゃんがコップを倒しただけで「何やってんの！」という言葉が出てきてしまい、これでは八つ当たりだと自己嫌悪に陥ってしまいました。

Devil

「何やってんの！」

「倒しちゃったね」

仕事の悩みやパートナーとの問題など、子育て以外に考えるべきことを抱えてストレスがたまると、思わず子どもに八つ当たりしてしまうことがあります。大人同士なら決して言わないような、きつい言葉や強い口調が、自分の子どもの前だと思わず出てしまうのです。

そんなお母さんへのコーチングセッションで私はよく行うのですが、まずはお母さん自身が何にイラ立ちや不安を感じているのか、子どもとは切り離して考え、現状を整理してみましょう。

子どもへの八つ当たりは、もしかしたら、何を言っても関係が崩れないと思えているからこその、お母さんの「甘え」かもしれません。しかし、その関係を長く続けてしまうと、親子間での信頼関係が育つことは難しくなっていきます。

自分自身の問題と、子どもをしっかり切り離して考えることができるようになると、不注意などでちょっとしたハプニングが起こっても、「倒しちゃったね」「こぼれちゃったね」などと、必要以上に怒る必要がなくなります。

Work sheet

あなたの口ぐせ　ワークシート

Q

自分にイライラしてしまうとき、自分にどんな言葉をかけているか、思い出してみましょう。

Q

子どもを「怒る」ときに、実は悪魔の口ぐせだったな、と感じた口ぐせは？

Q

もしも、その口ぐせを天使の口ぐせに変えるとしたら、どんな口ぐせになるでしょう？

4章

励ます
ときの
悪魔の口ぐせ
天使の口ぐせ

親の立ち位置は、子どもの前ではなく後ろ

子育ての中では、子どもを励ますシーンは多いものです。その背景には、「簡単に諦めない子に育ってほしい」「能力を伸ばしてあげたい」という親の思いがあるのではないでしょうか。

ただ、この「〜してほしい」「〜してあげたい」という思いが強くなりすぎると、子どもに親の理想を押し付けたり、過剰に干渉したり、批判したりすることにつながりかねません。

勉強もスポーツも習い事も、子どもにがんばってほしいと思う気持ちは、私も親としてよくわかります。ですが、子どものために励ましているのか、それとも「やらせたい」という自分の気持ちを満たすために励ましているのか、ふと立ち止まって考えてみることも必要です。

コーチングについては、「**暗いトンネルを歩く人の一歩先が見えるように、後ろからライトで照らす**」とたとえられることがあります。暗くて先が見えない状況でも、

親が後ろから足元を照らすことで、子ども自身が行きたい道に進みやすくするのです。もちろん、親として子どもの前に立ち、物事を教えたり危険から守ったりすることは絶対に必要ですが、常にその位置にいるわけではありません。

一方で、放任主義も良いコミュニケーションとはいえません。子どもは基本「遊び」や「楽しさ」を優先する傾向が強いので、「勉強は嫌いだからゲームをしたい」というのが、子どものすなおな欲求です。欲求のままに一日中ゲームをしていたら、社会人になるために必要な知識が身に着けられずに成長してしまうでしょう。

ですから、**苦手でも必要なことはできる大人になってもらうために、励ますことは大切**なのです。

私の息子もなかなか宿題が進まないので、何とかやる気を出してもらおうと励ますようにしています。ただ、「○○くん、もっとがんばってよ」と息子を主語にすると批判に聞こえるようで、やる気にはつながりませんでした。

それで最近は、「ママ、丸つけがすごく楽しみだから、今日もたくさん丸つけをさせてね」などと、私自身の気持ちを伝えることを増やすように心がけています。

Case 01

すべてにおいてがんばる姿が見たい

ひろこさん（島根県）
子ども：まいさん

Situation

1番になるのよ、がんばって
（2番以下はダメか）

まいさんが小学校に入学した頃から、お母さんは「1番になりなさい」と励まし続けてきました。テストや運動会、発表会などのイベントはもちろん、夏休みの宿題やラジオ体操、読書感想文など、何から何まで、とにかく1番になるようにと伝えていたのです。

低学年の頃は「1番になるのよ、がんばって」と声をかけると、まいさんは誇らしげな顔をして喜んでいました。

ところが、高学年の今、何だか浮かない表情をするようになりました。

Devil

「何でも1番になりなさい」

「あなたを見てると、ママも力が出る」

「設定した目標以上には行けないから、目標は高く設定することが大事」などと耳にすることがありますよね。まいさんのお母さんも、何事も1番を目指すことで、力を最大限に発揮できたり、開花する能力があったりすると考えていたのでしょう。

また、まいさんには実際に1番になる力があると思えるからこそ、言えることでもあります。しかし、お母さんの大きな期待は、まいさんにとっては、お母さんから課せられたプレッシャーに変わってしまいました。

目標の越え方は、人それぞれに適した方法があります。大きくて遠い目標に向かうことで力が発揮される子どももいれば、わかりやすい小さな目標を一つずつ着実にこなしていくことが得意な子どももいます。それから、目標を固定しすぎず、状況に応じて新しく追加するのを楽しむ子どももいるのです。目標は高ければいいわけではありません。

「あなたを見てると、ママも力が出る」と、近くで見守りながら、子どもにとってストレスなく取り組める言い方を、一緒に見極めてあげることがとても大切です。

Case 02

やると決めたことはやり遂げてほしい

ちぐささん（大阪府）
子ども：ゆうこさん

ゆうこさんが4歳の頃、お姉さんの影響もあり、自分から「ピアノを習いたい」と言って教室に通うようになりました。

お姉さんと比べて上達が遅く、ゆうこさん自身もあまり楽しそうではなかったものの、「やめぐせがついてはいけない」「やり遂げられる子になってほしい」という思いから、お母さんはできる限りサポートをしてきました。

発表会前などでゆうこさんが弱音を吐いたときは、「自分で決めたことでしょ」「あなたがやりたいと言ったのよ」と、何年も励まし続けています。

「自分で決めたことでしょ」

「何か考えが変わった？」

「自分で決めたことは、最後までやり遂げてほしい」というのは、親としてとても自然な気持ちだと思います。しかし「自分が決めたことでしょ」と言って続けさせることは、「あなたが決めた」を人質に、子どもを縛り付けることになりかねません。まじめな子どもほど、「決めたのは自分だから……」と抜け出すことが困難になります。

もちろん、一つのことを続けられるのは素晴らしいことです。ですがそれと同じくらい、新しいことに自分からチャレンジするのも、素晴らしいと思います。

以前息子が、短期間で習い事をやめたいと言った際、先生が「やめぐせがつくから、あと半年はがんばらせなさい」と私に忠告してくれました。しかし、息子にはやめたい明確な理由があり、私も納得したので、そこでやめさせましたが、結果的に「やめぐせ」はつきませんでした。

子どもが行きたくないと言ったり、弱音を吐いたりするようになったときは、「何か考えが変わった？」と聞いて、言い出しやすい雰囲気を作るのもいいと思います。

Case 03

「ビリでもいい」では励ましにならない

まゆみさん（愛知県）
子ども：ゆうさん

小学5年生のゆうさんは、体育が苦手。そんなゆうさんのお母さんも、子どもの頃から体育が苦手だったので、「気持ちがよくわかる」と思っていました。

小学校のマラソン大会の朝、緊張しているゆうさんを励まそうと、お母さんは「ビリでも最後まで走ればいいのよ」と声をかけました。毎年、ゆうさんの順位は後ろから数えたほうが早く、がんばることに意義があると伝えたかったのです。

すると、ゆうさんは何も話さなくなってしまい、そのまま学校へ行ってしまいました。

「ビリでもいいのよ」

「応援しているよ」

「苦手だから嫌い」「苦手だから目標を持っていない」と考えるのは、大人の決め付けだったのかもしれません。

特にゆうさんのお母さんの場合、自分の子ども時代と重なることで、なおさらだったようです。励ましているつもりだったのでしょうが、心の中では「今年もきっと遅いだろう」と決めつけています。

そして、ゆうさんがマラソン大会の結果に傷つかないように、先回りして口にした言葉が「ビリでもいい」でした。そのため、ゆうさんは「自分は期待されてない」と感じてしまい、寂しくなってしまったのです。

自分がかけてほしい言葉と、ほかの人が言われてうれしい言葉が、いつも同じとは限りません。親子でも、同じではないということです。

子どもを励ましたいときには、目を見ながら、シンプルに「応援しているよ」と声をかけてあげましょう。余計な言葉を加えないほうが、気持ちが伝わることも多いのです。

Case 04

機嫌を直すために励ましていた

Situation
それ、違うから！
それくらい、いいじゃん！

あきさん（千葉県）
子ども：かほさん

負けず嫌いのかほさんが、ある晩、居間のソファに座って、何だか不満そうにつぶやいています。「明日の体育が嫌だな」「絶対に負ける」「相手チームのメンバーが強すぎるんだよ」などと、どうやら明日のサッカーの試合のことで不満があるようです。

お母さんは機嫌を直してもらいたくて、「それくらい、いいじゃん！　体育の後は大好きな図工なんだし」と明るく声をかけました。

すると「それ、違うから！」と、かほさんはもっと不機嫌になってしまいました。

Devil

「それくらい、いいじゃん！」

「うんうん、そうなんだね」

家の中は、できればいつも明るい雰囲気がいいですよね。

そのために、子どもが不機嫌そうにしているときでも、あえて気にしていないようにお母さんが振る舞ったり、「いいじゃん」などと軽く受け流したりしてしまいがちです。

かほさんのお母さんも、「子どもを励まして、機嫌よくさせておけば、家の中のことはすべてうまく回る」と、心のどこかで思っていたのではないでしょうか。また、ネガティブな気持ちは、できる限り早く解消すべきだと思っている人も少なくありません。

しかし、自分が困っていることや悩んでいることを、軽く流されてしまうと、自分自身が大切に扱われていないように子どもは感じてしまいます。

何もすぐに機嫌を直す必要はありません。まずは「うんうん、そうなんだね」と、機嫌の悪いまま子どもを受け止めてあげることが大切です。

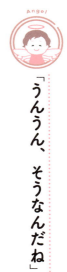

Case 05

ぴったりの言葉が浮かばない

ななさん（東京都）
子ども：こたさん

Situation

こたさんの通う小学校では、毎年、音楽会が開催されていて、1・3・5年生の中から選ばれたメンバーが楽器を練習し、当日に演奏を披露します。

前回のオーディションでは残念ながらこたさんは残ることができず、何としても出演したいとの思いでドラムを習い始め、5年生で念願の小太鼓を担当することが決まりました。

楽しみにしていた音楽会当日の朝、誰よりもこたさんの努力を知っているお母さんは、とびきりの言葉で送り出したいのですが、「がんばってね！」と、月並みなことしか言えない自分を物足りなく感じたのでした。

Devil

「がんばってね！」

「ついに今日だね！」

子どもを「がんばってね」と励ますこと自体は、まったく問題はありません。ただ、お母さんが物足りなさを感じたのは、これまでのこたさんのがんばりを見てきて、その成長を喜んでいるのに、月並みの言葉しか出てこなかった自分がもどかしいのでしょう。

ですが、お母さんの気持ちは、表情やしぐさから伝わっていると思います。コミュニケーションで受け取るメッセージは、「言語」がすべてではありません。「非言語」から受け取るメッセージもかなり多いものです。

それでも何か別の言葉をかけてあげたい場合は、「ついに今日だね！」などと、こたさん自身が心の中で思っているであろう言葉を、代弁するような気持ちで声に出してみてください。こたさんが「うん、そうだね」と返すような言葉です。「これで励ましているのかな？」と感じるかもしれませんが、自分が思っていることを口にしてくれる存在は、自分のことをよく理解してくれていると感じることができ、安心感という最高のパワーにつながります。

Case 06

いつも、何でも明るく励ますだけ

あやさん（北海道）
子ども：れんさん

れんさんは男の子4人兄弟の1人。

お母さんは「小さなことでクヨクヨしない、元気な子に育ってほしい」という思いから、れんさんが転んで「痛い……」と言っても「大丈夫、大丈夫！　男の子なんだから、そのくらいで痛いなんて言わないの！　お母さんが小さい頃は泣かなかったよ」と言い続けていました。

れんさんが学校から帰ってくるなり、ソファに寝転んで「疲れたー」と言うときも、「子どもなんだから疲れただなんて！　大丈夫、大丈夫！　何言ってんの！」と元気良く励ましています。

「大丈夫、大丈夫！」

「そんなときもあるよね」

転んでいる子どもに、「大丈夫、大丈夫！」「平気だよ」と大人が声をかけている様子を目にすることは少なくありません。おそらく「痛みに負けないで」という気持ちで、励ましているのでしょう。

もちろん、それによって即気持ちを切り替えできる子どももいますが、「痛い」「つらい」と感じていることを、周りから「大丈夫、大丈夫！」と言われることで、否定されていると受け取ってしまう子どももいます。

「痛い」「つらい」「疲れた」などネガティブな言葉が、決して悪いわけではありません。大人になれば、表に出さず飲み込むことを学ばなければならないシーンも出てきますが、まだ子どものうちは「そんなネガティブな感情さえも、受け止めてくれる人がいる」ということを、身をもって学ぶことのほうが優先です。

れんさんのように「疲れた」と言いながら帰ってきたら、すぐに励ますのではなく、「そうなんだ、疲れちゃったのか。疲れるときもあるよね」と返してみてください。気持ちを受け止めてもらえると、子どもは安心して元気がわいてくるはずです。

Case 07

励ましているようで実は決め付けていた

じゅんこさん（千葉県）
子ども：あかりさん

Situation

あかりさんのお母さんは、仕事に子育てに大忙し。まだ小さな弟の世話もあり、何事も早く・効率的に進めることを重視していました。

無駄に迷ったり悩んだりせずに済むよう、あかりさんの話も積極的に聞くようにしています。

ある日、あかりさんがクラス委員長に立候補したいとお母さんに相談したときは「それは無理だと思うよ」と一言。別の日、新しいスポーツを始めたいと相談したときは「できると思うから、やってみなよ」と励ましました。

Devil

「できると思うから、やってみなよ」

「いいね！　どこに魅力を感じたの？」

小さな子どもを育てながら仕事をこなす、忙しいお母さんが増えています。そのためか、あかりさんのお母さんのように、極力無駄を排除したいという人がかなり多い印象です。

このような考え方が定着すると、見守ったり判断させたりすることを手間に感じてしまい、子ども自身の挑戦すらも、できる・できないをお母さんが仕分け、決め付けるようになってしまいます。「できると思うから、やってみなよ」は、「できないことは、初めからやらせない」という効率重視の表れで、実際は励ましの言葉ではありません。

これが続くと、「みんなと一緒でいい」などと、子どもは自分で判断する力を失っていきます。

子どもが何かに挑戦したいと言った際は「いいね！　どこに魅力を感じたの？」と、やりたいと思った背景を聞いてみてください。まずは、自分の「やりたいと思った気持ち」は尊重されるべきものなんだという感覚を育んであげましょう。

Work sheet

あなたの口ぐせ　ワークシート

Q

やる気がどうしても出ないとき、自分にどんな言葉をかけているか、思い出してみましょう！

Q

子どもを「励ます」ときに、実は悪魔の口ぐせだったな、と感じた口ぐせは？

Q

もしも、その口ぐせを天使の口ぐせに変えるとしたら、どんな口ぐせになるでしょう？

5章

促すときの悪魔の口ぐせ天使の口ぐせ

子どものペースに合わせることが大事

「はいはい、さっさとやって」

「ほらほら、気をつけなさいよ」

特に子どもが幼いうちは、このように行動を促したり、注意を促したりする言葉をたくさん使う人が多いと思います。

靴を履く、ご飯を食べる、買い物をするなど、日常のちょっとした行動に慣れてしまっている私たちのような大人と比べて、子どもは何事にも時間がかかるものです。そのために、**子どもの行動を急がせる言葉をかけてしまいがち**です。


そんな習慣が身についてしまうと、子どもが成長してからも「何でそんなことで迷っているの？」「さっさと決めちゃいなさいよ」などといった言葉が、無意識のうちに口から出てきてしまいがちです。子どもがじっくりと考える機会を奪う、まさに「悪魔の口ぐせ」です。

先日、息子が漢字ドリルの宿題をやっているときのこと。息子は、新しく覚えた漢字の例文を、毎回、自分で創作してノートに書いていました。私は、昔から常に効率化を求めるタイプで、「自分で文章を考えないで、ドリルをそのまま写せば！」とつい言ってしまいそうになりました。うっかり、息子の自分で考える時間を奪ってしまうところだったと気づきました。

それから、「私があなたの年齢のときには、できていたわよ」「私だってやれたんだから、あなたもできるわよ」と親が自分自身の話を始めて、子どもの行動を促しているケースもあります。自分に酔ってしまって、子どもの姿が見えていないのではないかと、心配になってしまいます。

お父さんだけでなくお母さんも働く家庭が増えていて、忙しい中での子育てになっているかもしれません。子どもが成長するペースに合わせて生活することは、決して簡単とはいえないでしょう。

だからこそ、**短い時間の中でも、親子で気持ちを通わせるコミュニケーションを探っていってほしい**と思います。

Case 01

口だけの返事で行動が伴わない

りえさん（千葉県）
子ども：エミカさん

Situation

小学生になったばかりの頃はきれいに片付けていたのに、なぜか小学5年生の今は、物が積み上げられた状態のエミカさんの机。

散らかっているのは自分の部屋だけでなく、ダイニングテーブルにも読みかけのマンガを置きっぱなしにしたり、玄関には学校用の靴やサンダルが脱ぎっぱなしだったり、家中にエミカさんの物が散乱しています。

そんな様子を見るたびに「片付けなさい」とお母さんが言うのですが、エミカさんは「わかった、わかった。後で」と答えるだけで、全く取りかかる様子がありません。

Devil

「片付けなさい」

Angel

「一緒に片付けない？」

おそらく、ピカピカの1年生の頃は張り切って部屋を片付けていたエミカさんも、5年生ともなると、文房具や道具類、マンガなどが増えてしまって、どこに何を片付けたらいいのかわからなくなっている可能性があります。

散らかっている様子に見兼ねて、お母さんが「片付けなさい」と言うばかりでは、何をどうするべきなのかが具体的にわからない子どもも多いはず。そこは「一緒に片付けない？」と、親子の時間として誘ってみてはいかがでしょうか。

片付け方も「その本はここにしまって」などと、お母さんのやり方を指示するのではなく、一緒に話し合うと良いでしょう。ゲームや数字が好きな子どもには動線や機能性を意識して「コレとコレは一緒に使ってるよね、どこに置くと便利？」、おしゃれや小物が好きな子どもには「勉強中にコレが目に入ると気分がいいんじゃない？」など、子どもの趣味《しゅみ》嗜好《しこう》に合わせるようにすると、子どもも自分事として考えやすくなります。

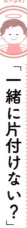

Case 02

親の都合がいいものを勧める

ゆりこさん（静岡県）
子ども：りくくん

もうすぐ、りくくんの4歳の誕生日。今日は家族でりくくんへのプレゼントを買いに、おもちゃ屋さんに来ました。

りくくんが真っ先に選んだのが、ラジコンカー。お母さんはとっさに「えっ? 似たようなものを持ってるじゃん」と言ってしまいました。

そこで、りくくんがドローンを見始めると、お母さんは「すぐ壊すから、こっちにしたら?」と別の売り場からおもちゃを持ってきました。

りくくんは「えー」と不満そうです。

「こっちにしたら?」

「それが欲しいんだね」

まだ幼い子どもはおもちゃを壊すし、すぐに飽きるし、似たような物ばかり欲しがるし、親にしてみればもったいないと思うところもありますよね。

だからといって、子ども自身の希望を無視して、親の意見や都合を優先させると、「自分の意見は聞いてもらえない」という不満が残ってしまいます。

子どもがおもちゃを選んでいるときは、後ろ姿やおもちゃではなく、ぜひ子どもの表情に目を向けてみてください。一直線に好みのおもちゃに見入っている子どももいれば、棚の上から下まで隈なく目を動かし選ぶ子どももいます。みんな真剣なまなざしで、一生懸命選んでいるのが伝わります。「新しいおもちゃを選ぶ」というのは、子どもにとっては、大人が思う以上に魅力的な体験なのです。

子どもが選んだ物については、まずは「それが欲しいんだね」と受け止めてあげてください。手間に感じることもあるかもしれませんが、その一言の積み重ねが大切です。サイズや予算から選び直すのは、その言葉の後でも間に合いますよ。

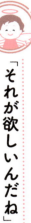

Case 03

追い立てるように促しても効果なし

かつこさん（千葉県）
子ども：ゆうすけさん

Situation

高校1年生のゆうすけさんは、陸上部に所属しています。部活で帰ってくるのが夜8時頃。お母さんとしては、帰宅したら晩ご飯を食べて、すぐにおふろに入ってもらいたいところです。ところが、制服のままで着替えもせず、ソファに寝そべってスマートフォンをいじっています。

そんなゆうすけさんに「食べないなら片付けちゃうよ」「さっさと食べなさい！」「食べたら、早くおふろに入って」と追い立てるように声をかけますが、「……うん」と気のない返事しか返ってきません。

Devil

「食べないなら片付けるよ」

「お母さんは早く片付けたいんだ」

ゆうすけさんのお母さんは、明日に備えて早く家事を終わらせたい一心で、あれこれ声をかけているのですが、実は逆効果です。あまりにもたくさんの情報を一気に与えているので、ゆうすけさんの耳には入らないのです。

このようなときは、お母さんはゆうすけさんの視界に入るぐらいの位置に移動して、「お母さんは明日も仕事だから、早く片付けたいんだ」と〝私〟を主語にして具体的に促すといいでしょう。これを「I（アイ）メッセージ」といいます。

それに、ゆうすけさんはもう高校1年生。お母さん任せにせず、自分のことは自分で責任を持ってできる年齢です。「お母さんは先におふろに入るから、自分が食べた分の食器は洗って片付けておいてね」と伝えてもいいでしょう。家事をお母さんが抱え込む必要はありません。

将来、独り立ちをすることを考えれば、今のうちから料理や後片づけ、掃除など、一とおりのことができていたほうがいいでしょうし、それが子どもの自信にもつながります。

Case 04

恥ずかしがって「ありがとう」が言えない

はるなさん（長野県）
子ども：さっちゃん

Situation
ほら、「ありがとう」は？
（言いたいんだけど……）

さっちゃんは少し人見知りな3歳の女の子。お母さんの陰に隠れて、モジモジとしていることが少なくありません。

お母さんは、そんなさっちゃんがちょっと心配です。せめて「ありがとう」は言えるようになってほしいと望んでいました。

あるとき、知り合いからさっちゃんがお菓子をもらったので、お母さんは「ほら、『ありがとう』は？」とお礼を促したところ、今回もさっちゃんはお母さんの後ろ側に回って何も言いません。さっちゃんに何とか言わせたくて、お母さんは何度も「ほら」と繰り返します。

Devil

「ほら、『ありがとう』は？」

「一緒に言ってみる？」

挨拶やお礼は、社会生活の基本マナーです。「きちんと子どもが言えるようにしたい」と思う人は少なくありません。

ただ、さっちゃんのようにためらってしまい、なかなか言えない子どももいます。ポイントは、本人もうれしくて「ありがとう」と言いたいのに、どうしても口から言葉が出てこない点にあります。そんな子どもに「ほら」と促すと、子どもは萎縮し、なおさら言えなくなってしまうのです。

「ありがとう」が言えない子どもに必要なのは、安心と勇気。お母さんが手をつないであげて、「一緒に『ありがとう』って言ってみる？」とサポートするといいでしょう。「安心」は「以前は言えた」という経験値からも得られるので、言えたときに「今日ありがとうって言えたね」と、より実感させてあげましょう。

それでも、「ありがとう」が言えない場面は、何回も出てくると思います。そんなときは「何とか言わせなきゃ」と必死になる必要はなく、「言えなくてもＯＫ」という気持ちで、ゆっくりと見守っていきましょう。

Case 05

やるべきことを早くやってほしい

きょうこさん（青森県）
子ども：りゅうたさん

Situation

小学校に通い始めたばかりのりゅうたさん。慣れない新生活はなかなか大変なようです。帰宅して、リビングに入ってくると、ランドセルを放り投げて、だらしなく横たわってしまいました。

キッチンからその様子を見ていたお母さんは、やるべきことを後回しにしているのが気に入りません。そして夕食の準備をしながら、「もうダラダラしないでよ」「プリントは？　連絡帳は？　宿題は？　さっさとして！」と声をかけました。

しかし、りゅうたさんは寝転がったまま、動こうとしません。

Devil

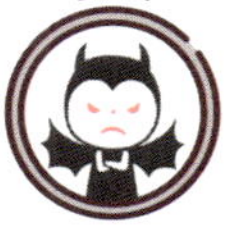

「さっさとして！」

「おかえり！ 疲れたでしょ？」

就学前と就学後では、子どもたちの生活は大きく変わります。学校では勉強が大事で、緊張感もあり、ぐったりしてしまうのも無理はありません。

一方、お母さんは学校での子どもの姿を知らないので、帰宅後の疲れている様子がだらしなく見えてしまうのでしょう。

家での片付けや宿題を促すのなら、だらしなさを指摘するよりも、疲れたことを受け止めてあげるほうが効果的です。ですから、子どもが帰宅したら目を合わせながら「おかえり！ 疲れたでしょ？」と声をかけるといいですね。この一言で、子どもは学校でのがんばりを認めたもらえたのだと感じて、心が満たされます。それで初めて、自発的な行動に移せるのです。

中高生の子どもでも毎日の出来事をよく話してくれるという家庭では、もちろん本人の性格や環境にも大きく左右されますが、家族が帰宅した際は目を合わせて「おかえり」「ただいま」と言い合う習慣が共通していました。今やっていないとしたら、家族で習慣を見直す良い機会かもしれません。

Case 06

必死に促していたら脅す言葉になっていた

あいさん（茨城県）
子ども：こはるくん

Situation

「また休むのー？」

3歳になるこはるくんは、保育園に行きたくないと泣いています。

2歳の頃からときどき休みたがるようになり、だんだん回数が増えてきました。おもちゃやお菓子で機嫌を取ることもありますが、お母さんはできる限り寄り添おうと、何とか仕事の時間を調整してがんばってきました。

しかし一向に変わらず、むしろ増えていくことに、イラ立ちと焦りを感じ「ズル休みする子にはサンタさん来ないよ」「あなたのせいで、お仕事で迷惑かけちゃう。保育園に行かない子は悪い子」などと必死に促します。

Devil

「保育園に行かない子は悪い子」

「何か理由がある？」

「保育園に行きたくない」は、本当に困りますよね。お母さんには出社時間が迫っているし、仕事もあるし、周りに迷惑をかけるし、プレッシャーも大きいと思います。

「行きたくない」と子どもが言ったときは、「そっかー、そう思うのね。それは何か理由があるの？」と受け止めてみましょう。

ですが、正直なところ、こうした言葉を使うのは、賭けというか、けっこう勇気が必要ですよね。私も実際に言って、息子の表情がパッと明るくなったとき、内心「しまった！　期待させた」と思ったことがあります。経験上、受け止めても、受け止めなくても、保育園に行くかどうかの結果はさほど変わらないという印象があります。

「それならば、意味がないじゃないか」と思われそうですが、コミュニケーションはその場ですぐに効果を感じるものではなく、日々の積み重ねです。考えてみれば当然ですよね。「受け止めたけど、結局行かなかった」となっても「お母さんは僕の気持ちをわかってくれた」という事実は確実に子どもの中に残り、その積み重ねがこの先の親子関係を作っていくと覚えておいてください。

Case 07

言い訳ばかりで促すとふてくされる

いくみさん（埼玉県）
子ども：ゆいさん

小学校2年生のゆいさんに、お母さんはいつも「帰ったらすぐに宿題をやること」と伝えています。お母さん自身も子どもの頃にそうしていて、良い習慣だったと感じているからでした。ところがゆいさんは、すぐに取りかかるのが苦手なようです。

何とか机に向かったようですが、「なんか、集中できないなぁ……」「鉛筆の芯が丸いんだよねぇ……」と言い訳が聞こえてきました。お母さんは「まただ！」と思い、「ちょっと、時間がなくなっちゃうよ」と声をかけると、「やればいいんでしょ！　やれば！」と、ゆいさんはふてくされてしまいました。

「時間がなくなっちゃうよ」

「何分あればできそう?」

小学生の宿題に関する問題は、話題を欠くことがないですよね。私も毎日息子に促しているので、よくわかります。

もしかしたら、ゆいさんはエンジンがかかるまで時間がかかるタイプなのかもしれません。そして、自分にとってベストなタイミング、ベストな環境に、こだわりがあるようにも感じます。

そのような子どもの場合、「宿題ボックス」を一緒に作ってみるのも効果的です。宿題用にお気に入りの鉛筆や消しゴムを1つのボックスに入れて、場所も固定します。これを見たら「宿題だ」とスイッチが自然と入るような目印を作ってしまうのです。

時間については、お母さんから「今日の宿題は、何分あればできそう?」と早めに問いかけ、取りかかるタイミングが具体的にイメージできるように促してみましょう。

ほかの人から言われたことはなかなか行動に移せなくても、自分で決めたことや、習慣になっていることは、比較的簡単に体が動きやすいものです。

Case 08

なだめて促すつもりが追い詰めてしまった

れいこさん（石川県）
子ども：あいさん

Situation

ある晩、中学2年生のあいさんが「担任がキモい」と言い始めました。それ以前にも、どうやら友人といざこざがあったようで、「学校に行きたくない」と言う日もありました。

お母さんには、「学校生活は良いことも悪いこともあって当然、あまり重くとらえず強く育ってほしい」という思いがありました。それで「いろいろあるもんだよ。先生だって毎日大変なのよ。それが普通だし、あなたのわがままでもあるんじゃない？　休んだって何の解決にもならないよ！」と元気に伝えると、あいさんは不満そうな表情を浮かべます。

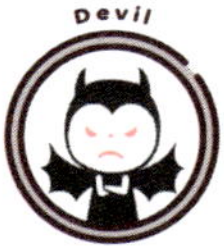

「それが普通だよ」

Angel

「へぇ、そうなのね。それから?」

あいさんは「とにかく聞いてほしい」という気持ちだったのかもしれません。こんなときは「へぇ、そうなのね。それから?」とフラットに聞き、もっと話してほしいという姿勢を示してみてください。

ここで注意したいのは、表情とテンションです。怪訝《けげん》そうなのも軽いのもNG。子どもと一緒になって学校のことに目くじらを立てるのも「母親に相談すると面倒」と懸念されるでしょうし、かと言って、まったく共感を示さなければ「わかってくれない」と心を閉ざしかねません。ですから、平常心を意識しましょう。

また「それから?」「うんうん、それで?」など、自然に次の言葉を促すことで「聞いてくれている」という安心感につながります。ときどき「キモいのね」など、子どもが使う言葉をそのまま引用するのも良いでしょう。

中学生にもなれば、自分の意思が強くなり、いつも親に判断を求めてくるとは限りません。親が答えを出すのではなく、興味を持って聞く姿勢を示すことで、子どもも気持ちが落ち着き、次の行動を冷静に考えられるようになってきます。

Case 09

反省を促すつもりが傷つけることに

のぶえさん（愛知県）
子ども：ゆなさん

Situation

あなたが悪いんじゃないの？
（そんなことを言われても）

小学4年生のゆなさんは、サッカーのクラブチームに参加しています。チームメンバーで女子は4人だけ。新参者だったゆなさんは、仲間外れにされていたようです。

練習が終わった後、ゆなさんは涙をこらえながら「いじめられている」「仲間になりたいのに話もできない」「楽しくない」とお母さんに訴えてきました。

それを聞いて、「だから、途中から入るのは大変だって、お母さんは言ったのよ。メンバーとうまくいかないなんて、あなたが悪いんじゃないの？」とお母さんが伝えると、ゆなさんは激しく泣いてしまいました。

Devil

「あなたが悪いんじゃないの？」

「これからどうしようか？」

1人で新しい環境に飛び込むのは、大人でも不安が伴います。それでも挑戦しようと思ったゆなさん。とても勇気のある行動です、まずはそこを褒めてあげたいですね。その日も練習が終わるまで我慢しながらがんばったと思うと、私まで涙が出そうです。

お母さんは心配していたことが現実となり、「やっぱり！」という気持ちだったのでしょう。心配と叱咤激励《しったげきれい》がマイナスに出てしまった事例です。

目の前で子どもが泣いているのならば、まずはそれを抱き止めてあげるのが第1段階です。ゆなさんは「楽しくない」とは言っているものの「やめたい」とは言っていません。がんばって続けたいけれど、やる気を削《そ》ぐ環境で葛藤している涙のような気がします。

気持ちが落ち着いた第2段階で「これからどうしようか？」と、今後のことを一緒にゆなさんと考えてあげてほしいですね。チームメンバーとの関わり方などを、さまざまな人の視点に立ちながら、あれこれ話してみるのも良いかもしれません。

Case 10

習い事を続けるなら きちんと練習してほしい

のりこさん（高知県）
子ども：ゆあさん

仲良しの友人に憧れて、お母さんに強くせがんで電子オルガンのレッスンに通い始めた小学2年生のゆあさん。ところが、自宅では全く練習をしないし、レッスンの日も「行きたくない」と嫌がっています。

これには、お母さんもあきれて、「練習したの？」「明日レッスンなのに、一回もしてないんじゃない？」「レッスンが嫌ならやめたら？　時間もお金ももったいない！」と声をかけていました。

不思議なことに、ゆあさんは練習しないのに、レッスンは絶対に続けたいようです。

「時間もお金ももったいない！」

「次はどんな曲を弾いてみる？」

ゆあさんのお母さんにしてみれば、「レッスンに通うのなら、きちんと練習する。練習しないのなら、レッスンをやめる。どちらかはっきりしなさい！」と白黒つけたいですよね。

ただ、もしかしたら、ゆあさんが「絶対にやめたくない」理由は、ほかにあるのかもしれません。友人と共通の話題ができるとか、音楽の授業で恥ずかしい思いをしなくて済むとか、「電子オルガンが弾けるようになる」という目的以外の理由です。

習い事は特定の技術や知識を学ぶために通う場所ではありますが、それだけではないのも確かです。私も子どもの頃を振り返ると、ほかの学校の友人と会えたり、憧れの先生ができたりと、レッスン以外のことで得たものも多かったように感じます。

ゆあさんのお母さんも、しばらくは本人の意思を尊重し、見守ってみてはどうでしょうか。その中で、「次はどんな曲を弾いてみる？」など、電子オルガンを習っていることが楽しいと感じる理由を一緒に増やしていくような、そんな関わりができたら良いと思います。

Case 11

謝るように促したら猛烈に怒り始めた

ふみさん（滋賀県）
子ども：りくくん

Situation

公園で、4歳のりくくんは友だちと鬼ごっこをして遊んでいました。

りくくんが鬼の番のときに、友だちは靴が脱げてしまいました。それで靴を履き直しているところを、りくくんがタッチして「捕まえた！」と大喜び。友だちは「そんなのズルじゃないか！」と怒りだして、ケンカになってしまいました。

りくくんのお母さんは慌てて寄っていき、「靴が脱げたときはお友だちを待っててあげなきゃダメだよね！謝りなさい」と声をかけると、りくくんは「なんで！」と猛烈に怒り始めました。

「謝りなさい」

「聞かせてくれる？」

ほかのお母さんの手前もあり、とにかく自分の子どもを謝らせて、この場を収めようとしてしまうことはありますよね。

しかし、よく考えてみると、りくくんにはりくくんの主張があるのに、一方的に謝らせるとは、少々乱暴な対応だったかもしれません。

小さいうちでも子ども同士のケンカは、本人たちに解決させるのが一番だと思いますが、エスカレートしてきたら大人の仲裁は必要です。そんなときは、たとえ、その場を目撃していたとしても、「どうしたの？　お話を聞かせてくれる？」と、両方の話を聞くようにしましょう。

おそらく、どちらも「相手が悪い、相手のせいで」と主張すると思います。それを大人が「○○くんはこうしたかったんだね、○○くんはこうだと思ってたんだね」などと、お互いの言い分を整理してあげましょう。こうしたプロセスは、幼い子どもが「相手にも言い分がある」と理解することにつながっていきます。

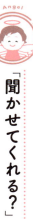

Case 12

帰りを促すために先に帰る振りをする

ともこさん（長野県）
子ども：ななみちゃん

幼稚園で延長保育を利用した日はいつもより遅くなるため、ななみちゃんのお母さんは、仕事後に急いで迎えに行きます。

小さな弟もいるため一刻も早く帰りたいのですが、迎えに行くとななみちゃんはバッグを地面に投げ出し、園庭の鉄棒に猛ダッシュ。「3回だけね！」と言ったものの、3回が終わっても「やだ！　もっと！」とななみちゃん。お母さんは「先に帰るからね！」と言い捨て、背中を向けて先に帰る素振りを見せると、ななみちゃんは「待ってー！」と泣きながら追いかけてきます。

Devil

「先に帰るからね！」

Angel

「あと20秒遊べるよ」

子どもの帰りを促すのに、お母さんが苦戦するケースは数多く見られます。

ただ、先に帰ると言って、振り返らずに進んで行ってしまうお母さんの背中を、子どもはどんな心境で見ているのでしょうか。恐怖心？　疑い？　いずれにしても、適切な対応ではありません。ななみちゃんは、初めてできた逆上がりを、お母さんに見せたかったのかもしれません。今日は友人と遊び足りなかったのかもしれません。

こんなときは、時間を正確に共有することで、お互いに余裕が生まれやすくなります。「10分だけ遊んで帰ろうね」と約束し、残り時間を見ながら「あと20秒遊べるよ」と、残り時間をその子が数えられる範囲で示してあげましょう。タイムチャレンジのような雰囲気になり、うまくいくことが多いでしょう。限られた時間で、猛ダッシュで遊ぶ姿にほほえましく感じることも。

また、お母さんの思う「早く」は何分に相当するのかも考えてみましょう。30分遅れるのは困るけれど、15分なら大丈夫だと具体的に判断することで、やみくもに「早く！」と焦っていた気持ちに、少し余裕が生まれます。

Work sheet

あなたの口ぐせ　ワークシート

Q

新しいことにチャレンジしようか悩んでいるとき、
自分にどんな言葉をかけているか、思い出してみましょう！

Q

子どもを「促す」ときに、実は悪魔の口ぐせだったな、
と感じた口ぐせは？

Q

もしも、その口ぐせを天使の口ぐせに変えるとしたら、
どんな口ぐせになるでしょう？

6章

止める
ときの
悪魔の口ぐせ
天使の口ぐせ

理由まで伝えたい

前章の「促す」と同様に、子どもが幼い頃には「ダメ」と止める言葉をよく使いますよね。

左右をよく見ずに道路を渡ろうとするような危険な行動や、お店で買う予定のない商品をやみくもに取り出すような迷惑な行為などは、強い口調で止めざるを得ないでしょう。

しかし、止める理由を親が説明せずに「ダメ」を連発しているのでは、子どもはどうしてやってはいけないのか、その理由を理解できません。「お母さんは怒りっぽいな」「なんか怒られているけど、まあいいや」と子どもはとらえて、いつまでたっても行動が変化しないのです。

親の悩みの上位ランキングに「ゲームをやめない」「スマートフォンばかり触っている」が入っていますが、「ゲームはやめなさい」「いい加減にしてよ」と**繰り返し声をかけるだけでは、子どもの行動を止められません**。

そんな様子に腹を立ててゲームやスマートフォンを強引に取り上げてしまうと、子どもも感情的になって心を閉ざしてしまうでしょう。

ですから、まだ子どもが小さいうちから、行動を止めるときに「ダメ」とだけ繰り返すのではなく、どうしてダメなのか、理由まで伝えたいですね。

また、今のこの瞬間だけに注目するのではなく、「ゲームを今日30分するなら、明日はやめておこうね」「スマホは勉強が終わってから使おう」というように、**近い未来も含めて、親子で話し合うことが大切です**。

「止める」というのは行動を制限するということですが、私たちは子どもが傷つくことを恐れて、つい止めてしまうこともあります。

先日、息子が「歯医者さんになりたいな」とつぶやいたとき、反射的に「大変だから、やめておきなさい」と言ってしまいました。私の勝手な想像で、「歯科医は大変な仕事」と思っていたことから出てきたのですが、自分の思い込みで決めつける発言をしたと反省しました。

これもコーチングを学んでいたからこそ気づけたのだと、前向きにとらえて、さらに学びを深めたいと思っているところです。

Case 01

親もゲームをするので止めにくい

かおりさん（石川県）
子ども：はるかさん

Situation
もうゲームはやめて
パパもやっているよ

「ほら、いつまでやってるの」「もうゲームはやめて」というのが、はるかさんのママの最近の口ぐせ。

小学5年生のはるかさんは、学校から帰ると、夕食やおふろの時間以外はずっとゲームをやろうとします。はるかさんのお父さんもゲームが好きで、気がつけばお父さんもずっとスマートフォンを見ています。「はるかがマネするから、やめて」と言っても、「うん、わかった、ちょっと待って」と、お父さんはゲームを続けるのです。

それではるかさんには「パパもやってるよ」と言われ、お母さんは2人の態度にうんざりしています。

Devil

「もうゲームはやめて」

Angel

「今は何やってるの？」

ゲームに関する悩みは、子どもの年齢を問わず、たくさん寄せられます。

「家にいるときにはずっと使い続けるので、会話にならない」という声も聞きます。怒ったお母さんが、ゲーム機を壊してしまったという話もありました。

ゲームについてはさまざまな見解がありますが、依存性があり、やればやるほど悪化するため、ＷＨＯは「ゲーム障害」を国際疾病として認定しています。

家庭内でルールを決める、タイマーを設定するなど、いろいろと対策はありますが、そもそも、子どもがゲームのどこに魅力を感じて、何が楽しいのか、考えてみたことはありますか。一概に悪いと決めつけず、「今は何やってるの？」などと、子どもがのめり込む理由を知ろうとするのが第一歩だという気がします。

子どもがハマっているゲームに関心を示したことで共通の話題が生まれ、「明日はこんなことやってみる」など、会話が格段に増えることもあります。これはお父さんにも当てはまります。

まずは知る。そこから一緒に考える。そのステップを意識してみてください。

Case 02

理由も言わずに突き放してしまう

ゆうこさん（福井県）
子ども：とうきさん

とうきさんの家は、物を大切にして欲しいという教育方針です。そのため、とうきさんはおもちゃなどをあまり買ってもらえません。

最近、小学5年生の間ではスマートフォンを持っている男子が増えています。とうきさんの周りの子どもたちも持っているので、家で「スマホ、いいな〜」とつぶやいたところ、お母さんからすかさず「うちは無理」と言われてしまいました。

以前からそうなのですが、「無理」と言われると、とうきさんは何も言えなくなってしまいます。

「うちは無理」

「そうだよね、欲しいよね」

「少しでも共感や同意の姿勢を示すと、OKサインになってしまう」「引き返せなくなる」などと思っている人は少なくありません。とうきさんのお母さんもそうだったのでしょう。とうきさんのつぶやきの時点で即座に反応し、制しています。

お母さんの子ども時代だとスマートフォンではなかったでしょうが、別の物で「あの子が持ってるから欲しい」「みんなが持ってるから欲しい」という気持ちは、かなり多くの人が抱いた経験があるのではないでしょうか。きっと、今の子どもたちがスマートフォンを欲しがる気持ちも理解はできているはずです。

親が「無理」を連発すると、子どもは自分の意見をどんどん言えなくなってしまいます。それを避けるためにも、まずは「そうだよね、欲しいよね」と、すなおに理解を示しましょう。

まだ早いと考えているなら、その後に理由を説明してあげれば良いのです。そして、何歳になったら、またはどんな状況なら、持ってもかまわないと考えているのか、わかりやすく家庭の考えを伝え、先も見越しながら話し合えるのが理想的です。

Case 03

女の子らしくない態度をやめてもらいたい

ゆうこさん（石川県）
子ども：ゆいちゃん

Situation

そんなことしたら、恥ずかしいよ
いつもそう言うよね

ゆいちゃんは、自分のことを「オレ」と呼ぶ6歳の女の子。言動も男の子っぽいし、いつもふざけていて、お母さんとしては「せっかく女の子なんだから、もっとかわいらしくなってくれないかな」と不満を抱いていました。

あるとき、お母さんがゆいちゃんを撮影しようとカメラを向けると、白目になって変顔と変なポーズをしました。それでつい「そんなことしたら、恥ずかしいよ」と言ったところ、「ママはいつもそう言うよね」とゆいちゃんに言い返されました。

Devil

「そんなことしたら、恥ずかしいよ」

「いろんな表情ができるんだね」

変顔も含め、表情が豊かな子どもは、ユニークで私は大好きです。ただ、お母さんにしてみれば、ゆいちゃんには「オレ」ではなく「私」と言ってほしいし、もっと女の子らしく振る舞ってほしいのでしょう。そのため「そんなことをしたら、恥ずかしいよ」「変だよ」が、お母さんの口ぐせになっていました。

親がよく子どもにかけている「恥ずかしい」「みっともない」などの言葉は、一種の責任転嫁だといえます。「お母さん自身ではなく、周りの人がそう思っているのよ」というニュアンスがあり、自分の責任ではないので、軽い気持ちで多用されがちだからです。

しかし言われ続けることで、子どもは人前に出る勇気が失われたり、積極性をなくして「自分なんて……」と落ち込みやすくなってしまったりする可能性があります。

今は多様性が認められている時代ですから、子どもの個性ととらえ「いろんな表情ができるんだね」と受け止めた上で、それでも気になる場合は「そうじゃないところも見たいな」と別の方向性も指し示すといいでしょう。

Case 04

止める理由が伝わっていない

みかさん（栃木県）
子ども：ようすけさん

Situation

毎晩、小学5年生のようすけさんは、テレビ番組や録画を見続けます。お母さんが「宿題は？」と聞いても「大丈夫」、「おふろは？」と聞いても「後で」と言うだけで、ようすけさんは見向きもしません。

そんなダラダラしているようすけさんの姿に、少しずつイライラがたまってきて、とうとうお母さんはリモコンを奪い取り、テレビを消して「いい加減にして！」と言いました。

あっけにとられたようすけさん。その後、「なんだよ、いいところだったのに」と、つぶやいていました。

Devil

「いい加減にして！」

料金受取人払郵便

神田局
承認
9508

差出有効期限
2022年
8月25日まで
(切手ははらずに
ご投函ください)

郵便はがき

101-8796

503

東京都千代田区神田駿河台
2-9-3F

マキノ出版
書籍編集部
『子どもの自己肯定感が高まる
天使の口ぐせ』係行

(〒　　－　　)

ご住所　　tel.

ふりがな

お名前

Eメールアドレス　　@

年齢　　歳　□男　□女　□既婚　□未婚

ご職業
1. 小・中・高校生　2. 専門学校生　3. 大学生・院生
4. 会社員　5. 公務員　6. 会社役員　7. 教職員　8. 自営業
9. パート・アルバイト　10. フリーター　11. 主婦　12. 無職
13. その他(　　)

子どもの自己肯定感が高まる天使の口ぐせ

7329

ご購読ありがとうございます。
お手数ですが下記の質問にお答えください。
今後の出版企画の参考にさせていただきます。

1.この本を何でお知りになりましたか？

a. 新聞で（朝日・読売・毎日・中日・聖教・その他［　　　　　　　　］）
b. 雑誌で（『壮快』・『安心』・『ゆほびか』・その他［　　　　　　　　］）
c. 店頭で実物を見て　　d. 人に勧められて
e. その他［　　　　　　　　　　　　］

2.お買い求めの動機をお聞かせください。

a. タイトルにひかれて　　b. 著者にひかれて
c. テーマに興味があって　　d. デザイン・写真・イラストにひかれて
e. 広告や書評にひかれて　　f. その他［　　　　　　　　　　］

3.お読みになりたい著者、テーマなどをお聞かせください。

4.定期的にお読みになっている新聞や雑誌をお聞かせください。

5.本書についてご意見、ご感想をお聞かせください。

アンケートにご協力いただき、ありがとうございました。
※あなたのご意見・ご感想を本書の新聞・雑誌広告などで

1. 掲載してもよい　　2. 掲載しては困る　　3. 匿名ならよい

「今日は何時までにする？」

もしかしたらお母さんは、母親としての自分の存在がないがしろにされたような気持ちになったのかもしれません。高学年になり、常に子どもに必要とされていた時期が過ぎ、親の存在は徐々に小さくなっていく時期です。何度話しかけてもこちらを見ることなく、返事も適当。悲しくもなってきますよね。リモコンを奪い取るという荒業に出ることで、「こっちに気づいて！」という訴えだったように思います。

単にそのような年齢になっただけのことですから、ようすけさんに悪気はありません。すぐには難しいかもしれませんが、子どもの成長ととらえ、変化を受け入れていきましょう。

とはいえ、やるべきことを後回しにしているのは、見ていて良い気分ではありません。それならば早い段階、例えばようすけさんがテレビの電源を入れたときに「今日は何時までにする？」などと伝えておいたほうが、穏やかに話し合えるはずです。一方的に押し付けられたのではなく、話し合って自分で決めたルールは、子どもも守ろうとします。

Case 05

泣きやませるために怖がらせていた

まりさん（愛知県）
子ども：まーちゃん

Situation

幼稚園に通っているまーちゃんは、少し泣き虫な女の子。一度泣き始めたら、なかなか泣きやみません。

お母さんに余裕があるときは、根気強く泣きやむまで待つのですが、そうでないときにはイライラして「だったらちっくん（注射）する？　痛いよ」とつい声をかけてしまいます。まーちゃんは、注射が痛かったので病院も大嫌いでした。注射はされたくないので、がんばって泣きやもうとするのです。

ある日、まーちゃんが泣いている弟に「ちっくん行く？」と言っているのを見かけて、お母さんはギョッとしてしまいました。

Devil

「だったら注射する？」

「涙が止まらないよね」

何をやっても子どもが泣きやまないという経験は、多くの人にあると思います。まずは「泣きやませるべき」を手放すことから始めてみましょう。時と場所が許せば、泣いていても良いのです。

大人も経験があると思いますが、泣くとスッキリすることがありますよね。涙を流すことが、「休息の神経」と呼ばれる副交感神経を活性化させ、睡眠と同等のリラックスをもたらすという話もあるくらいです。

お母さんがまーちゃんを泣きやませるために使った言葉は、ほとんど「脅し」。止める効果は大きいですが、子どものためではなく、親の都合でコントロールしようとしています。実際にまーちゃんが弟にも使っているように、「脅し」の言葉とセットで自分の要望を伝えるようになってしまうかもしれません。

泣いたり、怒ったりしているときに、子どもは感情がとても高ぶっていて、親の言葉が耳に入らないので、落ち着かせてあげるためには「涙が止まらないよね」と優しく抱き締めて一緒に深呼吸するのも、お互いに落ち着ける方法の一つです。

Case 06

逆効果の言葉をかけてしまう

Situation
泣いている子、嫌いだよ
ウワーン

みわさん（兵庫県）
子ども：はるくん

どこの家庭でも、平日の朝はバタバタと忙しいものです。そんな朝に、5歳のはるくんはワーワーと騒がしくて、なぜか泣いています。

ただ、お父さんもお母さんも、はるくんが泣く理由がまったくわかりません。

「なんで泣いてるの？」

「何が嫌なの？」

「泣いている子、嫌いだよ」

「強い子が好きだよ」

2人がかりで泣きやませようとしても、効果がありません。

Devil

「泣いている子、嫌いだよ」

「涙が止まったらギューしようか」

もしかしたら、はるくんは自分がどうして泣いているのか、すでにわからなくなっていて、お父さんとお母さんに理由を聞かれても、うまく言葉にならないかもしれません。

そのうえ「嫌いだよ」と言われてしまって、悲しくなったのです。

このように、子どもを泣きやませようとするあまり、親がたくさんの言葉をかけてしまって、その中に傷つける言葉が加わってしまうことがあります。

こうなっては、理由を探ることは意味を持ちません。

子どもが泣きやみ方もわからなくなっているならば、「涙が止まったらギューしようか」など、泣きやんだ後のことを想像できる言葉をかけてみましょう。

くれぐれも「涙が止まらなければギューしないよ」という意味に聞こえないように、そして「涙が止まった後にやりたいこと」というニュアンスで伝わるよう、言い方やタイミングを工夫してみてください。

Case 07

親には理解不能でも子どもは真剣

ゆかさん（大阪府）
子ども：すずちゃん

毎朝、3歳のすずちゃんは、保育園に着ていく服を自分でコーディネートをします。それがちょっと、お母さんには不思議な組み合わせなのです。

冬なのに半袖、チェックのシャツにストライプのズボン、左が青で右が赤の靴下、前後が逆のTシャツ……。

不自然なコーディネートに落ち着かないお母さんは、時間と格闘しながらも「おかしいよ」と言って、別の服を選んで着せようします。

すると、すずちゃんは途端に機嫌を損ね、意地になって着替えようとはしません。

Devil

「おかしいよ」

Angel

「今日もキマってるね！」

すずちゃんのお母さんは、物事を正確にこなしていくのが得意なのだと思います。段取りよく、正確に進めることで、得てきたものも多いのではないでしょうか。それゆえに「洋服もこうでしょ」と無意識に「正確さ」で判断しているのかもしれません。

今回のポイントは、「誰のための洋服か？」です。着ていくのはすずちゃんなので、靴下の色がバラバラでも機能としては何の支障もありません。それによってすずちゃんが楽しく登園できるなら、何て良いアイディアなんでしょう。自分でコーディネートできるほどですから、どこか支障があれば自分で着替えたり、お母さんに言ってきたりするに違いありません。

お母さんは「今日もキマってるね！」と一緒にすずちゃんのファッションを楽しみ、気温と合っていなければ長袖をバッグに入れるなど、必要な対処をしてあげれば良いのです。

「おかしい」と決めつける声かけを続けてしまうと、子どもは自信を失い、お母さんの顔色をうかがうようになってしまうかもしれません。

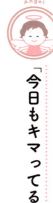

Case 08

安全志向でチャレンジさせられない

Situation

たかよさん（千葉県）
子ども：こたろうくん

5歳のこたろうくんはチャレンジ精神旺盛。少し危ないことにも挑戦したがります。

「ママ、これやっていい？」

「ママ、ここで遊びたい！」

やりたいことをどんどん投げかけるのですが、お母さんは危険から守りたい一心で、「ちょっと待って」という返事を繰り返していました。


すると、こたろうくんはいつの頃からか顔色を気にするようになって、「やりたい！」と言わなくなり、「ママはどうしたいの？」「ママが決めて」と消極的な態度を取るようになってしまいました。

Devil

「ちょっと待って」

「やってごらん、いつでも助けるよ」

こたろうくんが痛い思いをしたり、つらい思いをしたりするのを避けたいと、お母さんはずっと守ってきました。こたろうくんの「やりたい気持ち」よりも、「安全かどうか?」が気になり、「ちょっと待って」「ダメだよ」という言葉がいつも出ていたのです。

自分の子どもの頃を思い出してみてください。大小いろんなケガをしてきたことと思います。石につまずいたときの擦り傷、うまく曲がれなくてひねった足首、木から落ちて折れた右腕——ケガした経験が直接何かに役立っているわけではありませんが、それらの経験を通して、「ここまでならやっても大丈夫」「意外と登れる」など、自分の中でさまざまな基準が作られていったはずです。すべてのリスクから守るということは、経験をも奪うことになりかねません。

子どもが「やってみたい」と言った際は、「やってごらん、いつでも助けるよ」と安心させてあげたいものです。このような声かけは、選択の自由と、最大の応援を同時に伝えていることになり、何歳になっても使えます。

Case 09

自分勝手な行動を止められない

みきこさん（山梨県）

Situation

みきこさんは、公共施設の一室を借りて、2歳児から小学生までが集まる創作教室を開催しています。

子どもたちは、長いワイヤーで戦いごっこを始めたり、粘土でボールを作って投げ合ったり、こちらから説明する前にカッターなど危ない道具に手を出してしまったり、部屋からベランダに出ていったり、廊下で走り回ったり……。

ケガを防いだり、他の教室への迷惑になったりしないよう、「戦わないで」「投げないで」「触らないで」「とにかく、ダメだよ！」と声をかけていましたが、切りがありませんでした。

Devil

「ダメだよ！」

「どうなると思う？」

注意ばかりしていたら、創作教室どころではなくなってしまいますよね。

ですから、「小さい子どもが集まれば、道具の使い方が違っていたり、ルールが守れなかったり、他者への配慮やマナーが足りないと感じたりすることは頻繁に起こるものだ」という前提条件で、声かけを考えましょう。

そして、一方的に禁止するのではなく、「もしもワイヤーが小さい子に当たったら、どうなると思う？」「へぇ～、粘土って、そうやって使うんだっけ？」など、子どもたち自身に、自分が今やっている行動について自覚を促すと良いですね。

その際、合格ラインを気持ち低めに設定しておくことが、自分自身にとっても、子どもたちにとっても、心の余裕につながります。合格ラインを高くしすぎてしまうと「ここができていない」「もっとしっかり！」などと、粗探しに走ってしまいがちです。最初から低めに設定しておけば、「十分できている」と見ることができ、必要以上に止めたり怒ったりすることを防げます。

Case 10

何の解決にもならない不満を聞きたくない

けいこさん（静岡県）
子ども：たけるさん

Situation

そんなことを言うものではない
（けっきょく、誰もわかってくれない）

たけるさんは念願の小学校教諭になったものの、理想と現実の間で心身ともに疲労し、休職して一時的に実家に戻っていました。

たけるさんの口から出てくるのは先輩教諭や同僚に対しての批判、そして保護者に対しての不満ばかりでした。ときには、「やる気がない」「能力もない」などの過激な言葉も出てきました。

それを聞いていたお母さんは、さすがに批判や不満ばかりではよくないと思い、「そんなことを言うものではない」「あなたにそんなことを言う資格はないはず」と少し強い口調で言いました。

Devil

「そんなことを言うものではない」

「こんな風にも考えられるかも」

独り立ちし、しかも念願の仕事に就いているたけるさんが、仕事の愚痴を漏らすのは、お母さんを信頼している証拠だと私は感じました。本音を言えない親子関係であれば、仕事の愚痴はなかなか言いにくいと想像します。

たけるさんには、「こうなったのは自分のせいではない。周りが原因だ」と自分に言い聞かせたい気持ちもあったのではないでしょうか。

もう大人ですから、ある程度、気持ちの整理は自分でもできるはずです。お母さんがどうこう言って行動を変えさせる必要はありません。

まずはたけるさんの気持ちが落ち着くまで、静かに相づちを打ちながら、ひたすら聞くことが大切です。

その後に「こんな風にも考えられるかも」などと、お母さん自身の考えを「I（アイ）メッセージ」で伝えましょう。「愚痴やマイナス思考は良くない」という主張を目にすることがありますが、無理にポジティブ思考に持って行く必要もありません。道を指し示すのではなく、自分で道を見つけられるように見守りたいですね。

Case 11

触ってほしくないものを「汚い」と表現していた

かおりさん（東京都）
子ども：そうくん

1歳のそうくんは、最近、ハイハイからよちよち歩きができるようになりました。そして、いつもお母さんの後を追いかけてくる、かわいい時期です。

それはうれしいと同時に、困ったことでもありました。なかなか家事が進まないのです。

特に気になるのは、おふろの排水溝の掃除や生ゴミの処理、トイレ掃除をやっているときです。

そうくんが近寄ってきて、触ろうとして前のめりで手を出してくるので、お母さんは眉間にシワを寄せて、とにかく「汚いよ！」と連発していました。

「汚いよ！」

「気になる？」

子どもは好奇心の塊。お母さんがやっていることに興味津々なのは、当たり前です。決して危険を伴う作業ではないので、強い態度で止めるのではなく、「気になるの？　排水溝を掃除して、きれいにしてるんだよ」などのように「汚い」ではなく「きれい」といった言葉を使って説明してください。

1歳の子どもは、自分の手を頻繁に口に入れるので、お母さんはそれも気になったのかもしれませんが、同時に、そうくんの汚れた手を洗うことを手間に感じ、半ば自分のために止めている面もあったのではないでしょうか。

このようなときは、思い切って一緒にやらせてしまうのも一つ。

「一度やると、次もやりたがるかもしれない」と懸念するお母さんは多いのですが、意外と一度やれば満足するケースも多いものです。

それに何より、見るとやるとでは、経験の濃さがまったく違います。ですから、家事を体験する良い機会ととらえ、できる範囲で一緒にやってみると楽しさも見つかるかもしれません。

Case 12

反射的に止めたら子どもが元気をなくした

しょうこさん（東京都）
子ども：じゅんさん

Situation

「お母さん、私、ネコを飼いたい！」

学校から帰ってきてすぐに、小学3年生のじゅんさんがそう話しました。

すると反射的に、「うちは絶対に無理。あり得ない」とお母さんは答えてしまいました。お母さんには、ネコを飼いたくない理由があったのです。

じゅんさんは黙ってしまい、そのまま自分の部屋に閉じこもりました。

夕食の時間に、お母さんが部屋まで呼びに行っても「今日はいらない……」と元気がありません。

「絶対に無理。あり得ない」

「一緒に考えてみようか」

今回は「一緒に」がポイントです。もちろん、生き物を家で飼うことに関しては、最終決定権は親が握っているのは事実ですが、頭ごなしに否定するのは親子の信頼関係にヒビを入れる行為です。

「なぜ飼いたいのか？」「なぜ飼えないのか？」「どうしたら飼えるのか？」「他の選択肢はないのか？」について、お互いに落ち着いて意見を出し合う機会を設けましょう。

私が息子によく使うのは、「『アイディア』出し合わない？」という誘い方です。「アイディア」と聞くと、言っている私自身も息子もちょっとクリエイティブな気分になります。それに、自分の出したアイディアが採用されると純粋にうれしいものです。また、他人事だったことが、アイディアを求められることで自分事となり、いろいろとスムーズに運ぶことが多いです。

「無理！」という言葉は、聞いていてあまり気持ちの良いものではありませんが、反射的に出てきやすい言葉なので要注意です。「飼いたい！」と言ったときのじゅんさんの表情は、とてもいきいきしていたことと思いますよ。

Work sheet

あなたの口ぐせ　ワークシート

Q

自分が、どうしても止めたいことがなかなか止められないとき、自分にどんな言葉をかけているか、思い出してみましょう！

Q

子どもがやっていることを止めたいときに、実は悪魔の口ぐせだったな、と感じた口ぐせは？

Q

もしも、その口ぐせを天使の口ぐせに変えるとしたら、どんな口ぐせになるでしょう？

7章

子どもへの言葉かけで親の自己肯定感も変わる

高く見積もられがちな子どもの自己肯定感

講演会では、私から客席の皆さんに質問をすることがよくあります。

その一つは、「皆さんの自己肯定感は、100点満点中何点ですか？」というもの。続けて、「では、お子さんの自己肯定感は何点だと思いますか？」と尋ねます。すると毎回、お母さんの点数より子どもの点数のほうが高い人が多いのです（子ども＞お母さん）。

この結果から多くのお母さんたちは、「我が子は自分よりも自己肯定感が高い」と思っていることがわかります。

ですが、実はこれは、お母さんの思い込みです。なぜなら、**お母さんと子どもの自己肯定感はイコールの関係にある**からです。

自己肯定感については、精神医学や心理学、教育学など、さまざまな分野で研究が進み、いくつかの定義がなされています。

マザーズコーチングスクールのティーチャートレーニングでも自己肯定感を詳しく

自分より子どものほうが、自己肯定感が高いと思い込む

お伝えしていて、「ありのままの自分を肯定的に受け入れていること」と説明しています。単に「自分に自信がある」だけの状態を指しているわけではありません。「〜ができるから」、「〜を持っているから」といった理由はなくても、「自分は価値がある存在である」と思えることが自己肯定感です。

このような自己肯定感が、お母さんと子どもとの間でどのように関係しているのでしょうか。

自己肯定感は、人間関係の中で育まれています。ですから、子どもにとって最も身近な存在であるお母さんからの影響が、とても大きくなるのです。

お母さんの自己肯定感が低ければ、「さっさとして」「もう!」「ダメ」といった悪魔の口ぐせが出てしまいます。すると、子どもも物事のマイナス面ばかりを見て、自己肯定感が低くなるのです。

最近では、**自己肯定感が、「やる気」や「挑戦する力」、「コミュニケーション能力」や「学力」にまでも影響を及ぼす**と報告されています。

そのため、多くのお母さんたちが「せめて子どもだけでも自己肯定感が高くなってほしい」と願ってしまい、子どもの自己肯定感だけをつい高く見積もってしまうわけです。

自己肯定感の低さが不登校やいじめを招く

「突然、息子が『学校に行かない』と言い始めて、びっくりしたんです」

子どもの不登校がきっかけでコーチングを学び始めたお父さんが、このように話していました。

不登校になるまで、子育てで問題を感じたことは一度もなかったとのこと。また、学校に相談してもいじめられていたわけではなく、明確な理由が見当たりません。そ

自己肯定感が高い人の特徴

- 自信に満ちあふれ、何事にも前向きにチャレンジする
- たとえ失敗しても、
その経験を次のチャレンジに生かすことができるため、
ぐんぐん成長していける
- 自分を大切にし、自己主張もしっかりするため、
周囲の人とも思いやりのある関係を築くことができる

自己肯定感が低い人の特徴

- 自分に自信がなく、失敗を恐れてしまうことから、
新しいことになかなかチャレンジできない
- 極端に人の顔色をうかがってしまう
- 自分を抑えて我慢しすぎたり、
相手の言いなりになったりしてしまい、
人間関係をうまく築けない
- 新しいことを少し始めてみて、
ちょっとつまずいただけで「自分には向いていない」と
あきらめてしまう

のために、どのように子どもに接したらよいのかがわからなくなってしまったようです。

文部科学省の調査では、少子化が進んでいるにもかかわらず、小学校でも中学校でも不登校の児童数が年々増えています。

このことに関連していると考えられるのが、日本の子どもたちの自己肯定感の低さです。

「私は、自分自身に満足している」というアンケートを、日本や韓国、アメリカ、イギリス、ドイツ、フランス、スウェーデンの子どもたちに行ったところ、「そう思う」と回答した日本の子どもはたったの45・8％でした。他の国々よりもはるかに低い数値です。

どうして日本の子どもたちの自己肯定感が、これほど低くなってしまったのでしょうか。

私はその背景に、親たちが子どもの自己肯定感を高く見積もっているために、知らないうちに「悪魔の口ぐせ」が出ている可能性があるからだと考えています。

自分自身に満足している

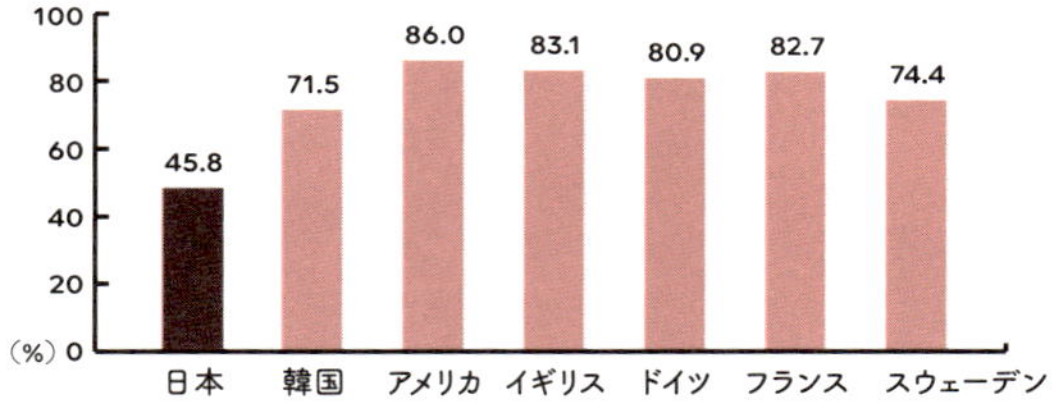

自分には長所がある

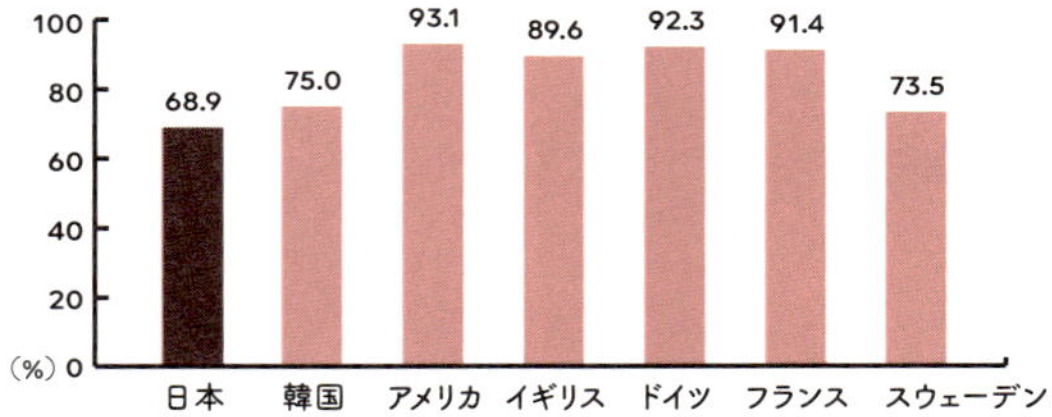

※「次のことがらがあなた自身にどのくらい当てはまりますか」という問いに対し、「私は、自分自身に満足している」「自分には長所があると感じている」に「そう思う」「どちらかといえばそう思う」と回答した者の合計
※平成25年度「わが国と諸外国の若者の意識に関する調査」、特集 今を生きる若者の意識〜国際比較からみえてくるもの〜（https://www8.cao.go.jp/youth/whitepaper/h26gaiyou/tokushu.html）より作成

日本の子どもたちは自己肯定感が低い

「ダメよ。私はあなたのためを思って言ってるんだから、言ったとおりにしなさい」

「今回のテストは98点かぁ。2点足りなかったね」

「お兄ちゃんと比べたら、まだまだね」

「忙しいから、話は後にして」

子どもにこのような言葉をかけていませんでしたか。

子どもの話に耳を傾けてきましたか。


こうした「悪魔の口ぐせ」が、じわじわと子どもの自己肯定感を低くしていって、ある一線を

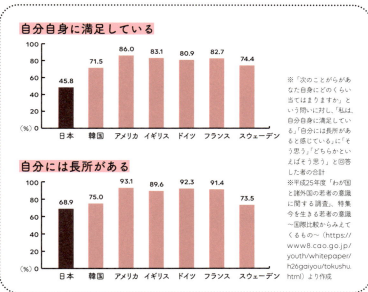

越えてしまったときに現れる結果の一つが、不登校だと考えています。もちろん、その子によって背景や理由はさまざまではありますが、不登校は「突然」ではなく「必然」であったりするのです。

また、不登校だけでなく、「うちの子がクラスメイトをいじめていたと聞いて、信じられない」「子どもが何年にもわたっていじめられたことに、初めて気づいた」などの声もよく耳にします。

自己肯定感が低い子どもは、自分より弱い立場の人に攻撃的になったり、嫌な目に遭っても「やめて」と言えなかったりする傾向があるとわかっています。そのため、いじめの加害者と被害者では正反対の状態なのですが、どちらも自己肯定感が関係しているのです。

悪魔の口ぐせをやめたら不登校が解消した

長崎県の山﨑則江《やまさきのりえ》さんも、娘のゆめさんの不登校をコーチングで乗り越えることができた、お一人です

ゆめさんが中学1年生のときに、不登校が始まりました。山﨑さんは学校のPTA会長を務めるほど、教育熱心。ですから、ある朝、ゆめさんが「学校に行かない」と言い始めたときは、「まさかうちの子が」ととても驚きました。

翌日慌てて、担任と、学年主任、ゆめさんの4人で面談をしました。それでいくつかの誤解も解け、山﨑さんは「やれやれ、解決した」と安心したのですが、ゆめさんは一向に学校へ行こうとはしませんでした。

山﨑さんには、子どもの教育に関する講演会などを聞きに行く機会が多々ありました。その中で、「子どもを無理やり学校に行かせようとはしないように」と聞いていたのです。なんとなく納得するところがあり、ゆめさんには「学校へ行けなかったら、行かなくていいんじゃない？　そのうち行けるようになるでしょう」と伝える程度で、

不登校に関する話題は避けるようにしていました。

ところが、3カ月がたっても、ゆめさんの様子は変わりません。そして親子の会話もどんどん減っていってしまいました。「このままでは、何も解決しない」と山﨑さんは危機感を抱いて、マザーズコーチングを受講することにしたのです。当初は、自分の活動のためだったのですが、結果的に不登校についても、大きな気づきと学びを得ることになりました。

コーチングを学んでいく中で、山﨑さんは自分の行動を一つずつ振り返り、気づいたことがありました。それは、**教育には熱心で活動的だったものの、自分の子どもであるゆめさんの気持ちについては、考える機会があまりにも少なかった**ということです。

その夜、山﨑さんはほぼ土下座状態でゆめさんに謝りました。

そして、「学校に行けなくて一番つらいのは、ゆめちゃんだったんだよね。ママもどうしていいかわからなかったけど、行けるようになったら行けばいいと思う」と伝えました。するとゆめさんはホッとした表情を見せてくれました。

山﨑さんには「体調が悪くもないのに、学校を休むのは悪い」という固定観念がありました。そのため、ゆめさんの不登校に対して罪悪感を抱き、「今日は学校どうする？」が口ぐせになっていたのです。

そんな山﨑さんの固定観念が、コーチングを通じて取り払われることで、ゆめさん自身も「私は〝明るい不登校〟なんだ」と自覚するようになりました。こうして、午後から保健室に登校したり、夕方のホームルームや部活動にだけ参加したり、できる範囲での登校を繰り返していました。

一方の山﨑さんは、途中から「とにかく見守る」に徹することにしたものの、ゆめさんのあまりにも自由な行動を見て、冷静さを保つのが大変でした。しかし、だんだんその状態にも慣れて、気にならなくなりました。

〝明るい不登校〟ということで、ゆめさんはできる範囲で中学に登校し、高校・大学受験を経て、今は大学1年生です。

不登校だった頃の思い出話をしている中で、「お母さんが土下座をして謝ってくれ

中学時代の不登校を乗り越え、高校・大学に進学

て、昔はあんなに強かったのに、こんな状態になるんだ、人って変われるんだなぁって思ったよ。だったら私も変われるかもしれないと思えたんだ」と、ゆめさんは山﨑さんに語りました。

ＰＴＡ会長を引き受けるほどのパワフルなお母さんだった山﨑さん。責任感が強い分だけ、ゆめさんにも求めることが多かったのでしょう。「〜すべき」という思い込みによる悪魔の口ぐせも、知らぬ間に口にしていたに違いありません。

小学生時代はゆめさんもそれに応えられたのかもしれませんが、中学生になれば心も体も成長し、自我が芽生えて、自分の物差しで考えるようになるものです。そのために、山﨑さんや学校の教師など、周りの大人たちの言っていることに「ついていけない」という気持ちになったのだと思うのです。

山﨑さんが決めつけるような発言をやめるように意識して、ゆめさんの思いに耳を傾けるようになったため、自己肯定感が徐々に育ってきました。それが大学進学への原動力になったはずです。

「何が正解かわからない時代」を生き抜く力をつけよう

現代は少子高齢化が急速に進んでいるだけでなく、未知の感染症の世界的流行や地震、台風など、さまざまな出来事によって私たちを取り巻く環境は変化しています。

そして、日本の教育も変化しています。これまでは正解を丸暗記する詰め込み主義的な教育でしたが、今は「**読解する**」「**創造する**」**といった能力を高めることが求められる**ようになってきました。

そんな変化に戸惑い、「この子の将来はどうなるのだろう」「大丈夫かしら」と心配をしている人は少なくありません。なかには「心配するのは親の愛情」と思い込んでいるように見受けられる人もいました。

しかし、子どものことが心配だからと親があれこれ口出しすれば、子ども自身が自分のことを決められなくなります。それが結果として、子どもを不幸せにしてしまう可能性が高くなるのです。

神戸大学と同志社大学のグループが、「**所得や学歴よりも『自己決定』が幸福度を上げる**」という研究結果を発表しました。

2万人を対象にした調査で、進学や就職などで自らの判断で進む道を選んできた人は、幸福度が高い傾向が見られたのです。

高学歴は、もはや幸せに生きるための条件ではありません。

同時に、私も含めた親たちの子ども時代とは違って、今は、仕事の現場でも読解力や創造力が求められています。

ですから、子どもが幸せな人生を送ってほしいと願っているのならば、親が決めつけや思い込みで、子どもの選択肢を奪わないこと。そして、何が正解なのかがわからない時代を生き抜くために、子どもに自分で考える力をつけることが大切なのです。

これが、コーチングの考え方です。

将来がどんな時代になろうとも、子どもたちが自らの判断で進む道を選び、たくましく生きていけるように、そして周囲の人と信頼関係を育んでいけるように、コミュニケーション能力を伸ばすことをコーチングでは重視しています。

このコミュニケーション能力は、読解力や創造力にも発展していくのです。

大切なのは時間よりも質の高い関わり方

2018年に総務省が発表した調査結果によると、子どものいる共働き世帯の割合は48・8％でした。

また、独立行政法人 労働政策研究・研修機構のデータによれば、共働き世帯は年々増加していて、1990年代には専業主婦世帯数を抜き、2017年には専業主婦世帯の倍近い世帯数を記録しています。

こうした調査結果からわかるのは、今、子育てをしているお母さんの多くが、仕事をしているということ。もちろん、お父さんと家事などを分担しているでしょうが、まだまだ圧倒的にお母さんのほうが負担している割合が大きいのではないでしょうか。

そのため、「子どもとの時間が十分に取れていない」「仕事も子育ても中途半端な気がする」などと罪悪感や、「もう疲れてしまって、何もしたくない」と疲労感を覚えているお母さんが少なくありません。こうしたことが、お母さんの自己肯定感を下げる原因になっていると考えられます。

この本で紹介してきた「悪魔の口ぐせ」は、そんなお母さんの自己肯定感の低さから発せられているものも多く、さらに、口にすることで自己肯定感をますます低くするように働いてしまいます。お母さんが口にした言葉は、当然、お母さん自身の耳に

天使の口ぐせを使って、親子で元気になろう

も入っているため、「できるじゃん！」「ちゃんとして」「がんばってね！」「さっさとして！」「ダメだよ！」と子どもだけでなく、無意識のうちに自分にも言い聞かせることになっているのです。言ってみれば「**自己肯定感低下スパイラル**」です。

このスパイラルを断ち切るためには、「悪魔の口ぐせ」に気づくことがとても大切なのです。

コミュニケーションは日々の小さな言動の積み重ねですから、どんなに「天使の口ぐせ」を意識的に使っていたとしても、「悪魔の口ぐせ」を減らせていなければ、意味がなくなってしまいます。

仕事や家事で忙しいから、子育てにゆっくりと時間が取れないことも、日々疲れてしまっていることも、認めて、受け入れるしかないのではありませんか。こうしたことに罪悪感を抱くのではなく、短い時間の中でどうしたら子どもと質の高い関わり方ができるようになるのか考えましょう。

せっかく子どもと一緒に過ごせる貴重な時間なのですから、親子が笑顔でいられるような「天使の口ぐせ」を使いたいものです。そうすれば、子どもだけでなくお母さんの自己肯定感も高くなっていくことでしょう。それほど、言葉のパワーは大きいのです。

参考資料

文部科学省　平成24年度「児童生徒の問題行動等生徒指導上の諸問題に関する調査」
内閣府　平成25年度「わが国と諸外国の若者の意識に関する調査」、特集　今を生きる若者の意識
～国際比較からみえてくるもの～
川崎市　２００８年度「子どもの権利に関する実態／意識調査」
神戸大学　所得や学歴より「自己決定」が幸福度を上げる　2万人を調査

おわりに

テレビカメラの前で原稿を読み上げて、多くの人に声で情報を届けるアナウンサーだった私が、子育てをきっかけに、言葉の選び方を伝えるコーチングの世界に入っていったのは、今振り返ると不思議な感じがします。

もっと過去にさかのぼると、幼少期を福井県にある小さな書店の娘として過ごしました。小さいときから本に囲まれて育ち、「本は読むもの」だった私が、まさか自分で本を出すことになるとは夢にも思いませんでした。

しかも、その書店の店番をよくしていた亡き祖母の誕生月に、発売することになるとは。

こんなにも思いがけないことが重なると、なんだか必然にも思えてきます。

おわりに

私に出版のきっかけを与えてくれた、マザーズコーチングスクールの代表の馬場《ばば》啓《けい》介《すけ》さん、事務局の長峰《ながみね》由紀子《ゆきこ》さん、全国のマザーズティーチャーの皆さん、本当にありがとうございました。私たちは「近所にひとりマザーズティーチャー」をミッションに、多くのお母さんの子育てがより楽しいものになるよう願いながら、日々、自分たちのコミュニケーションをトライアンドエラーでよりよくしようとがんばっています。

この本をきっかけに、マザーズコーチングスクールの扉を開いていただけることも、楽しみにしています。

そして、書店の娘だったから思うのでしょうが、多くの人に書店に足を運んでいただき、さまざまな本を手に取っていただけたら、言葉が蓄えられてコミュニケーションが豊かになるはずです。

自分の日々のコミュニケーションを、立ち止まって振り返り、見直し続けることで、人生が変わる。

ちょっと大げさかもしれませんが、コーチングを通して実感してきた喜びをこの本に込めました。

最後までお読みいただき、ありがとうございました。

２０２０年８月　著者記す

マザーズコーチングスクール

口コミだけで3万人以上が受講した、お母さんのためのコミュニケーション講座。個人受講のほか、仕事と育児を両立している従業員向けの研修として、経済産業省・金融機関・教育機関などにも導入されています。認定講師のマザーズティーチャーは国内全都道府県、海外10カ国で活躍。「子どもの孤独をなくす」をテーマに、地域教育委員会の後援を得て、全国で講演会も実施しています。

運営　NPO法人トラストコーチング（代表 馬場啓介）
公式サイト　https://motherscoachingschool.com

● 天使の口ぐせ　動画配信中

この本で紹介した口ぐせを実際にどのように言えばいいのか、著者が動画で詳しく紹介しています。

● 動画の見方

スマートフォンの標準カメラを起動して、撮影画面にQRコードを収めてください。すると、URLが記載されたボタンが表示されます。

白崎あゆみ（しらさき・あゆみ）

1981年6月27日、福井県鯖江市生まれ。
上智大学外国語学部フランス語学科卒業後、アビームコンサルティング株式会社を経て、MRO北陸放送でアナウンサーとして10年勤務。出産後はコーチングに転向。マザーズコーチングスクール認定マザーズティーチャー取得後、実績の高さから講師育成トレーナーとなる。TCS認定プロフェッショナルコーチの資格も取得し、コーチングセッションや保育園・幼稚園・こども園向けのナーサリーコーチングなどを行うほか、大手企業で管理職向けコーチング研修やエグゼクティブコーチングを提供している。

白崎あゆみ公式サイト
https://ayumishirasaki.com/

子どもの自己肯定感が高まる
天使の口ぐせ

2020年 9月26日　第1刷発行
2021年 9月10日　第9刷発行

著者　白崎あゆみ
発行者　室橋一彦
発行所　マキノ出版
〒103-0025
東京都中央区日本橋茅場町3-4-2　KDX茅場町ビル4F
電話　03-5643-2410
ホームページ　https://www.makino-g.jp/

印刷・製本　奥村印刷株式会社

©Ayumi Shirasaki 2020,Printed in Japan
落丁本・乱丁本はお取替えします。
お問い合わせは、編集関係は書籍編集部（電話03-5643-2418）、
販売関係は販売部（電話03-5643-2410）へお願いいたします。

定価はカバーに明示してあります。
ISBN 978-4-8376-7329-3